IoT時代の
アライアンス戦略

人工知能の進化と
マッチング数理モデルの提案

立教大学大学院ビジネスデザイン研究科 教授
株式会社ティーシーコンサルティング 代表取締役社長

冨田賢 著
Satoshi Tomita

東京 **白桃書房** 神田

はじめに

　本書は，筆者の慶應義塾大学大学院政策・メディア研究科後期博士課程での博士号（Ph.D.）取得にあたって行ったアライアンスの数理モデル構築の研究成果と，筆者のコンサルティング会社社長としてのコンサルティング実務や多くのセミナー講演の内容の両方を取りまとめたものである。

　筆者は，この約8年で，東証1部上場企業から中小ベンチャー企業まで170社以上の新規事業立ち上げを中心としたコンサルティングを行っている。その際の重要なツールとして，紹介によって企業と企業をマッチングして組んでいただく，すなわち企業間アライアンスを活用し，新規事業立ち上げや既存事業の拡大の推進を行ってきた。

　本書で紹介するアライアンスの数理モデルは，筆者が実務的に自分の頭のなかで考えて行っていたことを数学表現し，企業間アライアンスのマッチング段階の2社間の関係性を数値として演算可能にしたものである。

　それにより，何も指標がないなかでアライアンス先を探索するのでなく，数理モデルによって算出される係数を指標とし，探索することが可能となっている。また，複数の候補先企業からの最適なアライアンス先選定の意思決定に役立つものである。

　アライアンスの数理モデルの有用性を説明するにあたり，筆者のもう1つの専門分野であり，また，これからの新規事業立ち上げのメイン・フィールドとなっているIoT（Internet of Things）分野での事業化を中心に解説している。IoTをビジネスとして成り立たせるにはアライアンスが有効であることを，できる限りわかりやすく説明した。

IoTは現在，企業経営における新規事業展開において重要な位置づけとなっており，IoTにおいて重要な役割を担う人工知能（AI：Artificial Intelligence）の特性や，人工知能をどう利用するかについても本書では解説した．本書によって，人工知能の中身の理解や追加開発でなく，オープン・ソースにもなっている人工知能をいかに使うかが大切であることを理解していただきたい．

　本書の構成としては，第1部で新規事業のためのIoTの概要や仕組み，人工知能の特性，アライアンスの有用性を解説し，第2部で企業間アライアンスの相互補完・加算・相乗の数理モデルの紹介（筆者の博士論文を一部改訂して掲載），そして第3部では新規事業の具体的な推進に役立つ情報として，どの分野に一歩を踏み出すか，アライアンスによる営業推進，新規事業チームのつくり方，そして人工知能との共存（オーグメンテーション）などについて解説した．
　付録として相互補完モデルの最もシンプルな特徴数4つでの最初の構築段階の解説や特徴数が奇数のケースの考察など，博士論文や査読論文に掲載した付随的な内容について掲載している．

　筆者は慶應義塾大学での博士論文を一般の多くの方々に読んでいただきたいと考えており，本書の出版を企画したが，博士論文だけでは，なぜアライアンスのマッチングの数理モデルが必要であるかということがわかっていただけない．そこで博士論文は第2部とし，第1部と第3部に筆者が普段行う「IoT時代の新規事業立ち上げ戦略」などのセミナーの内容やティーシーコンサルティングのニューズレターなどで書きためてきた内容を掲載した．
　広範な内容となっており，書籍の体裁として平仄（ひょうそく）が合わない面があるかもしれないが，読者には興味のある部分を読んでいただくとともに，具体的なビジネスの推進に少しでも参考になったら幸いである．
　IoTについての情報や事例は，日進月歩で変化している．本書ではIoTや

人工知能についての本質的な事項を取り上げるようにし，5年経っても10年経っても変わらない普遍的な内容を解説するように努めた。本書がIoTの事業化について必須の知識や示唆となるように配慮した。

　第2部は数理モデルの紹介であるため，数式の入った一見難解なことを解説しているが，中身をすべて理解しなくとも利用することはできる。おおよそどのような内容かを理解すれば十分であり，また，プログラミング言語のPythonを操作しなくとも，アライアンスの数値や係数が算出できるWebシステムも開発し，本書にURLと利用方法を載せている。アライアンスのマッチングのメカニズムや考え方を理解したうえで，あとはいかに利用するかが大切である。

　アライアンスの数理モデルには，オープン・イノベーションの推進のツールとしての意味合いがある。アライアンスの数理モデルが学術研究上，並びに実務上，意義あるものであることをわかっていただけたら有り難い。

　アライアンスの具体的な推進や新規事業立ち上げのノウハウについては，拙著『新規事業立ち上げの教科書』（総合法令出版）に記載しているので，合わせて参照いただきたい。

　筆者は2017年4月から，立教大学大学院ビジネスデザイン研究科（MBA）教授に就任し，アライアンス戦略論を取り扱う「ビジネスデザイン特講2Ａ」やIoTの事業化，人工知能の活用を取り扱う「テクノロジー＆ストラテジー」，ビジネスプラン作成のワークを行う「ビジネス・シュミレーション」，そして修士論文やビジネスデザイン指導を行う「修了研究」（ゼミ）を担当する。

　それらの講義においても，本書で述べたことをさらに掘り下げ，より具体的に事例を交えながら解説したいと考えている。

　本書で紹介したアライアンスの数理モデル研究はまだ発展途上にあり，立教大学大学院・博士後期課程の筆者の「経営学特別研究」では，アライアン

スの数理モデルを一緒にさらに発展させていきたい方も歓迎する。

　筆者は今後とも，実務経験を有する研究者，並びに学術バックグラウンドを持つ実務家として，実務と研究の世界をブリッジ（橋渡し）する役割を果たしていきたい。それが筆者の人生の目的であり，本書もその取り組みの1つである。

2017年3月

冨田　賢

IoT時代の
アライアンス戦略

人工知能の進化と
マッチング数理モデルの提案

【目 次】

はじめに … i

第1部 新規事業のためのIoTの収益化とアライアンスの有用性
―人工知能の特性の理解

第1章 IoTとは何か～新規事業立ち上げのメイン・フィールド

1.1.1 ▶ IoT（Internet of Things）とは何か? …… 3
1.1.2 ▶ IoTの代表事例は，自動運転（Googleカー）…… 5
1.1.3 ▶ IoTのキーポイント～自動制御と精緻な予測 …… 7
1.1.4 ▶ これまでのITブームとはプレーヤーが異なる …… 9
1.1.5 ▶ IoTマーケットの拡大と日本での注目度合い …… 10
1.1.6 ▶ IoTは「ハイプ・サイクル」における「過度な期待期」を越えた! …… 13

第2章 複合的な事業構築となるIoT～アライアンスの主戦場

1.2.1 ▶ IoTを構成する要素～ハードとソフトの両方の組み合わせ …… 15
1.2.2 ▶ 複合的な事業構築になるIoTは，アライアンスが有効! …… 17
1.2.3 ▶ IoTは継続収入型ビジネス～受託型からの脱却に有効! …… 20
1.2.4 ▶ IoTでビジネスモデルが変わる!～「モノ売りからコト売りへ」…… 23
1.2.5 ▶ IoTの進化で，ビジネスモデルとして変化する部分としない部分 …… 24
1.2.6 ▶ アライアンスの数理モデルの発展ステップの応用の可能性 …… 25
1.2.7 ▶ IoT時代はデータを持つ企業が勝つ! …… 26

第3章 IoTにおいて大きな役割を果たす人工知能

1.3.1 ▶ 人工知能という言葉の起源とその急速な進化 …… 28
1.3.2 ▶ 人工知能の発達によりIoTやフィンテックが実現! …… 30
1.3.3 ▶ 人工知能を身近に体感できるアンサンブル学習のデモ …… 32
1.3.4 ▶ 人工知能をいかに使うかが大切! …… 33

第4章 IoTの事業化にあたってのポイント 〜ニーズの強さと損益分岐を合わせる!

1.4.1 ▶ IoTのニーズは多いが，お金を払うほどか …… 35
1.4.2 ▶ IoTの2つのパターン〜収益事業型と自己投資型 …… 36
1.4.3 ▶ IoTの収益化には，ニーズの強さと損益分岐を合わせる! …… 37
1.4.4 ▶ 損益分岐を下げるために組む! 〜アライアンスの活用 …… 40
　　　コラム1　新規事業の発案では，技術起点より顧客ニーズ起点が大切
　　　　　　　　　　　　　　　　　　〜ユーザー・ニーズをがっちりつかむ! …… 41
1.4.5 ▶ 技術を組み合わせて，いかに使うかがポイント …… 43
1.4.6 ▶ オープン・ソース・ハードウェアの利用とプラットフォームの共有 …… 44
1.4.7 ▶ 技術開発競争だけでなく，ビジネス面で工夫をする! …… 48

第5章 オープン・イノベーションとアライアンス活用で収益化

1.5.1 ▶ IoTを加速させるためのオープン・イノベーション …… 50
1.5.2 ▶「知の探索」と「知の深化」〜コンピテンシー・トラップの回避 …… 51
1.5.3 ▶ アライアンスによる自社の「知の範囲」の拡大 …… 53
1.5.4 ▶ アライアンスとは何か?〜契約や資本関係の有無 …… 57
1.5.5 ▶ アライアンスの基礎理論〜資源ベース理論と取引コスト理論 …… 58
1.5.6 ▶ IoTに関するアライアンス事例の紹介（新聞報道のまとめ）…… 62

第2部
企業間アライアンスの相互補完数理モデルの提案と応用
―慶應義塾大学・博士論文を改訂掲載

第2部 要旨 …… 69

第1章 本研究の概要と意義

2.1.1 ▶ 本研究の動機と概要 …… 71
2.1.2 ▶ 経営学領域にCIのモデル化の手法を導入 …… 72
2.1.3 ▶ アライアンスの定義と研究対象とする段階 …… 74

第2章 先行研究のサーベイ

2.2.1 ▶ アライアンス研究の概観 …… 77
2.2.2 ▶ 本研究の根拠となる資源ベース理論によるアライアンス研究 …… 78
2.2.3 ▶ アライアンス研究のほかの理論（取引コスト理論，ゲーム理論など）…… 80
2.2.4 ▶ 多くの計量分析と数理モデルの欠如 …… 83
2.2.5 ▶ アライアンス・マネジメントの研究 …… 85
2.2.6 ▶ オープン・イノベーション研究との関係 …… 86
2.2.7 ▶ 人間関係のギブ・アンド・テイクに関する社会的交換理論 …… 88

第3章 アライアンスの相互補完モデルの構築

2.3.1 ▶ 相互補完モデル構築の前提としたアライアンス成立の考え方 …… 89

2.3.2 ▶ 相互補完の捉え方と物理モデルの応用 …… 90

2.3.3 ▶ 強みと弱みの8つの特徴の選定 …… 90

2.3.4 ▶ 企業の強み・弱みの1次元行列と2極ベクトルでの表現 …… 92

2.3.5 ▶ 正の整数の総和と負の整数の総和 …… 92

2.3.6 ▶ 最大の強さの相互補完関係の状態 …… 94

2.3.7 ▶ 強度をマキシマム・ポイントからの距離で数学的に表現 …… 96

　　　　コラム2　数学の基礎情報　2次元上のマップでの距離の算出と正規化 …… 99

2.3.8 ▶ 相互補完強度と相互補完強度係数の数式化 …… 100

第4章 フロー・インテンシティとフロー・バランスの概念の導入

2.4.1 ▶ フロー・インテンシティとフロー・バランスの概念の導入 …… 103

2.4.2 ▶ 相互補完モデルをギブ・アンド・テイクの考え方で説明 …… 104

2.4.3 ▶ アライアンスが成立しないパターン1：
　　　　フロー・バランスが保たれておらず，一方的な関係性のとき …… 106

2.4.4 ▶ アライアンスが成立しないパターン2：
　　　　フロー・インテンシティがないとき …… 109

2.4.5 ▶ 最大の相互補完関係の状態：
　　　　最大のフロー・インテンシティで，バランスが均衡しているとき …… 111

2.4.6 ▶ 相互補完モデルの図のグレーの部分の説明 …… 112

2.4.7 ▶ 本章のまとめ …… 112

第5章 152社のコンサルティング先企業データと評点付け方法

2.5.1 ▶ 152社の企業データの内訳 …… 114
2.5.2 ▶ 当データの特殊性と有用性 …… 115
2.5.3 ▶ アライアンスの組み合わせの範囲の限定 …… 117
2.5.4 ▶ 強み・弱みの8つの特徴の選定 …… 118
2.5.5 ▶ 評点付けにおける主観性排除への対応 …… 119
2.5.6 ▶ アライアンス成立・不成立のカウントの定義と件数 …… 120

第6章 相互補完強度係数のPython言語での算出と検証

2.6.1 ▶ Python言語による提案したモデルの実装 …… 124
2.6.2 ▶ 成立した組み合わせと不成立となった組み合わせの
　　　　相互補完強度係数の分布 …… 124
2.6.3 ▶ 成立・不成立・全体の相互補完強度係数の平均 …… 127
2.6.4 ▶ 成立・不成立・全体の評点の実数による検証 …… 129
2.6.5 ▶ 相互補完強度係数の外れ値に関する検討 …… 131
2.6.6 ▶ 複数の潜在的なアライアンス候補先からの最適なパートナーの選択への利用 …… 132
2.6.7 ▶ 相互補完モデルの応用可能性 …… 134
2.6.8 ▶ 相互補完モデルの限界 …… 135
2.6.9 ▶ 相互補完モデルのまとめ …… 136

第7章 モデルの発展1:アライアンスの加算モデルの構築と検証

2.7.1 ▶ 相互補完数理モデルの未対応部分 …… 138

2.7.2 ▶ 日本国内の地域, ネット販売, 海外販売 …… 139

2.7.3 ▶ 加算モデルの評点の付け方 …… 140

2.7.4 ▶ 相互補完・加算モデルの数式化 …… 141

2.7.5 ▶ 152社の企業データについてのPython言語での演算結果 …… 145

2.7.6 ▶ 相互補完・加算モデルのまとめ …… 147

第8章 モデルの発展2:アライアンスの相乗モデルの構築と検証

2.8.1 ▶ 相乗モデルの追加〜意欲の重要性と影響 …… 148

2.8.2 ▶ 相乗モデルでの評点の付け方 …… 149

2.8.3 ▶ 相互補完・加算・相乗モデルの数式化 …… 149

2.8.4 ▶ 152社の企業データについてのPython言語での演算結果 …… 152

2.8.5 ▶ 相互補完・加算・相乗モデルのまとめ …… 159

第9章 本研究のまとめ〜成果と今後の課題

2.9.1 ▶ 本研究の成果 …… 160

2.9.2 ▶ 経営学とCIの組み合わせにより, 双方において貢献 …… 161

2.9.3 ▶ 当モデルの利用面の意義 …… 162

2.9.4 ▶ 当モデルの改良と今後の研究課題 …… 163

第3部
新規事業立ち上げの具体的推進
―方向性の探索，営業推進，チーム構築，人工知能の活用

第1章 企業間アライアンスを実際に推進するにあたって

3.1.1 ▶ アライアンス先の発掘が不可欠～新規開拓営業と同様の取り組み …… 171

3.1.2 ▶ アライアンス推進のステップ～強みと弱みの分析 …… 173

3.1.3 ▶「アライアンス・マトリックス」の活用 …… 174

第2章 新規事業立ち上げで，どこに一歩を踏み出すか

3.2.1 ▶ 事業の目的を考える!～ドラッカーの事業の3つの定義 …… 177

3.2.2 ▶ 事業ドメインや事業の仕組みが同じかの方向性へ! …… 182

3.2.3 ▶ 新規事業は伸びている市場か，もともと巨大な市場へ! …… 183

3.2.4 ▶ 企業ドメインの再定義の必要性 …… 185

第3章 IoT分野の新規事業においても営業推進が最重要

3.3.1 ▶ IoTにおいても「売る」部分を重視して企画をつくる! …… 187

3.3.2 ▶ 営業展開におけるアライアンスの有用性 …… 189

3.3.3 ▶ 営業展開におけるアライアンス（ディール・フロー構築）の例 …… 191

3.3.4 ▶ アライアンス・コンステレーションで新しい収益を創出 …… 193

3.3.5 ▶ 新規事業チームの適正人数は何人か? …… 194

第4章 人工知能の戦略的な活用と
　　　　IoT全体をコーディネートする人材の必要性

3.4.1 ▶ 人工知能の進化の中長期的な影響 …… 199
3.4.2 ▶ 人工知能とのオーグメンテーションが重要 …… 200
3.4.3 ▶ IoT全体をコーディネートする人材の必要性 …… 204

おわりに ～経営判断の軸を示すための経営学 …… 206

付録1：相互補完モデルの最もシンプルな特徴数4つでの構築 …… 211
付録2：8つの特徴数での評点付けの4つの因子としてのクライテリア …… 214
付録3：相互補完モデルの特徴数が奇数のケースについての考察 …… 217
付録4：日本における企業間アライアンスの最近の状況と傾向 …… 220

・参考文献 …… 224

第1部

新規事業のための IoTの収益化と アライアンスの有用性

―人工知能の特性の理解

現在，IoT（Internet of Things）が非常に注目されている。筆者が手がけるコンサルティングにおいても，多くがIoTに関連するものとなってきている。なかなか新規事業立ち上げの方向性が見つかりにくい状況下において，IoTは新規事業のメイン・フィールドとなっている[1]。

　第1部では，IoTとは何か，IoTの仕組みや複合的な事業構築，そしてその収益化におけるアライアンスの有用性について解説する。

　そのなかで，IoTにおいて重要な役割を果たしている人工知能（AI）の特性や機能について説明する。IoTを理解し事業化を推進するためには，人工知能について理解することが必要となる。ただし，人工知能の中身ではなく，いかに利用するかが大切であることを述べる。

　IoTの仕組みと人工知能の役割，そして，複合的な事業構築となるIoTの収益化におけるアライアンスの有用性を理解していただくことが第1部の狙いである。

1　すでに，東証1部上場企業数社，中小・中堅企業数社のIoTによる新しい売上獲得の収益事業，および既存事業の補完サービスとしての事業化のコンサルティングを行っている。また，筆者は，慶應義塾大学SFC研究所・上席所員として，同大学・環境情報学部教授の武藤佳恭先生（冨田の博士号の指導教授）とともに，人工知能（とくに機械学習）を活用したIoTのプロジェクトに取り組んでいる。

第1章 IoTとは何か
～新規事業立ち上げのメイン・フィールド

1.1.1 ▶ IoT (Internet of Things) とは何か？

　IoT（Internet of Things：モノのインターネット）は今，新規事業立ち上げのメイン・フィールドである。「あらゆるものがネットにつながるインターネット・オブ・シングス（IoT）」というフレーズは，新聞や雑誌などで，非常によく見かける言葉となっている。一種のブームと言える。

　筆者は，IoTとは，「センサ・カメラ・計測器などで取得したデータを，インターネット（ICT）につなげて，クラウドし，そのビッグデータ[2]を人工知能（AI）で分析し，精緻な予測や自動制御をすること」と定義づける。

　以前からあるM to M（Machine to Machine）は非常に近い概念である。また，IoE（Internet of Everything）はシスコシステムズなどの一部の企業が使用している用語であるが，同義と捉えてよい。

　IoTという言葉が最初に使われたのは，いつ頃であるかを遡ってみると，かつて米国MIT（マサチューセッツ工科大学）と日本の慶應義塾大学，英国のケンブリッジ大学などで，RFID（ICタグ）の国際標準化の開発プロジェクトがあったのだが，1999年に，MITのケビン・アシュトン先生が，今後はRFIDの規格が標準化されて，ICタグによって，あらゆるモノがインターネットにつながって管理されていくという趣旨で，IoTという言葉を使ったのが最初であるとされる。

　なお，同じ1999年に日本でスタートしたものとして，NTTドコモのiモー

2　ここでのビッグデータとは，総務省「平成24年度 情報通信白書」の説明に倣って，「事業に役立つ知見を導出するためのデータ」と定義づける。

ドがある。IoTとiモードは同じ頃に始まったわけであるが，iモードはなくなり，IoTが今，急速に広がっている。

　IoTは日本語に訳すと「モノのインターネット」となるが，それだけでは理解しにくい。

　従来，インターネットにつながっていたものは，PCやスマートフォン，サーバーなどだけだったわけだが，それらだけでなく，モノの管理に使われるICタグのデータや，さまざまなセンサで取得したデータ（加速度センサのような機械のデータがあれば，生体センサやウェアラブル・デバイスによる人間の健康データ，カメラでの画像データなど多様）など，あらゆるものがインターネットにつながっていくということである。

　モノとインターネットの間には，センサやカメラ・マイク・計測器などセンシングするためのデバイスが挟まるということを理解すれば，あらゆるモノがインターネットにつながるIoTという意味を理解できるであろう。

　今日，工場での製造の効率化や，機械や建機のメンテナンスの予測，物流施設での作業効率の最適化，生体情報を収集して健康管理をするなど，さまざまな分野で，IoTの取り組みが進んでいる。

　ちなみに，ドローンが，IoTの事例として出されることが多いが，単に人間がコントローラーで操縦していたら，それはラジコンであってIoTとは言えない。ドローンであっても，位置情報をGPSなどで把握し，周りの障害物などをセンサやカメラで察知し，過去の飛行データをもとにして，データを人工知能で分析し，自動制御で特定の位置から別の位置まで行って，モノを降ろすなり，撮影をするなりして，元の場所まで自動で戻ってくる形になっていれば，それはIoTである。

　フィンテック（Finance + Technology = FinTech）も，IoTと一部異なる側面や構成要素があるものの，IoTの1種類であると捉えられる。フィンテックについては，人工知能の項で後述したい。

　このように，IoTの大まかなカテゴリーは，工場，建設・環境，ヘルスケア，家電や家のなか，金融分野のFinTechなどに分けられる。

　IoTとSNSを比較して捉えると，筆者の慶應義塾大学での博士号の指導教

授の武藤佳恭先生[3]（慶應義塾大学環境情報学部教授）が，うまく表現をされている。

FacebookなどのSNSはインターネットを介して人と人がコミュニケーションを取るものであり，それに対してIoTは，機械と機械がインターネットを介してコミュニケーションを取ると捉えられる。つまり，先に述べたM to Mと同じで，人が介在しない。

図1　SNSとIoTの比較

SNS：インターネットを介した人と人のコミュニケーション
IoT：インターネットを介した機械と機械のコミュニケーション。人が介在しない

IoTは，センサなどでセンシングし，まずはデータを収集・蓄積しなければならないため，センシングが課題となることが多い。機械や自然現象，生体などから，どのように必要なデータをセンシングするかがまず課題となる。

また，人工知能を用いて，どういうデータをいくつ取得すればよいのか，現状，それが課題となっている案件も多い。どのように，いくつのデータをセンシングしていくかは，まだまだIoTの事業化における課題であり，これから時間をかけて研究・検討してもブームには間に合うと思われる。

なお，生体情報の取得も，センサの材質が基本的に硬いものが多いため，センサ開発が難しい面があり，繊維メーカーなどが，人体をセンシングしやすい柔らかい素材でのセンサ開発を行っている。

1.1.2 ▶ IoTの代表事例は，自動運転（Googleカー）

IoTの最高の代表事例は，自動運転，つまりGoogleカーである。自動運転

3　慶應義塾大学で電気工学の博士号取得後，南フロリダ大学やケース・ウエスターン・リザーブ大学の助教授を経て，慶應義塾大学教授。IoTデバイスの開発や機械学習を中心とした人工知能などを研究しており，IoTの専門家である。

は，機械と機械だけで交信し合って動いており，人は介在しない。

　A地点からB地点に人を運ぶことを，周りの障害物などのセンシングから，どのように進んでいくかのプランニング，そしてスピード調整なども，位置情報はGPSで把握しながら，非常に多くのパラメーターを人工知能で制御して，機械だけで行っている。

　自動運転は，A地点からB地点に行くということは人が決めるが，それ以外のことはすべて機械が判断している。

　どういうルートを通るといったこともすべて，数千，数万というパラメーターを，これまでのプログラミングでは制御できなかったことでも，人工知能のアルゴリズムを使って制御して可能となり，過去のデータを人工知能で解析しながら動いている。

　そこにおいては人が介在しない。人が介在しないため，ヒューマン・エラーが起こらない[4]。

　2014年4月には，Googleの自動運転車の無事故走行距離が，70万マイル（112万km）と発表されている。すでに米国のいくつもの州で自動運転が解禁されており，イギリス全土，イタリア，オランダ，ベルギー，スペインをはじめヨーロッパ諸国でも，自動運転が可能となっている。

　報道にもよるが，日本では2020年頃をめどに法整備が行われて，自動運転は実用化されていくものと見込まれている[5]。自動運転はレベル1〜4の各段

---

[4] 実際，Googleの自動運転の実験でも事故は起こったようであるが，それは，車を駐車していた場所から実験の再スタートの位置まで，人間が運転して移動させようとしたときに運転ミスでぶつけたという裏話がある。人が行うとヒューマン・エラーが起こるが，すべて機械と機械で，M to Mで制御されるなかでは，プログラミングに問題があればエラーは起こるが，それがない限り，制御のうえでのミスは起こらない。物流や与信審査，クレジットのキャッシングにしても，過去のデータ分析から人工知能が審査を行えば個別でミスが発生することはないわけだが，人間が審査や事務作業を行うと，ヒューマン・エラーが発生する可能性が出てくる。

[5] 筆者の私見であるが，日本政府はあまり自動運転を積極的に推進したくないかもしれないと考える。なぜなら，日本企業のなかに自動運転の技術を総合的に持つ企業がないためである。日本にとって最大の産業の1つが自動車産業であり，トヨタ自動車をはじめとする自動車メーカーが，その産業の垂直構造の頂点に君臨している。そこに関連して日本経済が潤っていた面がある。しかし，自動運転の技術を持つ企業はGoogleなど米国に多い。

階に分けられるが，初期段階はすでに実現されている。

　なぜIT企業であるGoogleが，Googleマップから始まり，自動運転にこれほど力を入れているかについては逸話があり，創業者ラリー・ペイジ氏が，スタンフォード大学の学生のときにGoogleを立ち上げたが，その頃の親友のセルゲイ・ブリン氏が交通事故で亡くなったのがきっかけと言われている。

　ラリー・ペイジ氏は，ビジネスで成功したら，交通事故のない社会をつくりたいと強く願っていたようで，検索エンジン（広告モデル収益）で成功した後，Googleマップを作成し，現在，ディープマインド（英国の人工知能の技術会社）なども買収し，自動運転に向けた取り組みを世界トップでリードしている。

1.1.3 ▶ IoTのキーポイント～自動制御と精緻な予測

　IoTのキーポイントは，前述の定義にも書いたが，自動制御と精緻な予測である。

　まず，自動制御（自動化）は，人工知能を用いてデータ解析を行い，多くのパラメーターをコントロールすることによって行われる。それによって，人が関わらないことでヒューマン・エラーをなくし，人間が行わなければならないこと以外を機械やロボットが代替することとなる。その代表事例がGoogleカー，すなわち自動運転であることは，すでに述べた。

　次に，精緻な予測である。

　たとえば，建機メーカー，コマツの大型ブルドーザーなどのタイヤのIoTが事例となる。生産予測とともに，顧客の予算編成の予測をサポートする。

自動運転がどんどん進むと，人工知能や自動運転の技術を持っている企業がパワーを持つようになる。このまま日本の自動車メーカーが，自動運転技術を保有できない状況で自動運転が解禁されると，日本の自動車メーカーが下請けとして，自動車の車体などの製造・組み立てを行うことになる危険性がある。これは日本政府にとって避けたい状況となるのかもしれない。他方，2016年11月30日付の日刊工業新聞に「経産省，自動運転の義務化検討－IoT・AI普及へ制度設計」との記事が載り，経済産業省は，2017年1月からIoT（モノのインターネット）や人工知能（AI）を普及させるため，義務化を含む制度設計の検討に入る。交通事故を減らすために自動運転システムの導入義務化や，IoTを導入した保育所に優遇措置の付与ができないか検討。欧州の事例も参考に，法令改正や補助金支給での優遇措置などにより産業構造の高度化を促すとのことである。この記事によれば，日本政府も自動運転を推進する方針であると受け取れる。

オーストラリアの鉱山などで使われているコマツの大型ブルドーザーのタイヤにはセンサが付いており，東京・溜池山王のコマツ本社は，タイヤが使われている場所や番号，摩耗状況，ブルドーザーの名前などをインターネットを介してすべて把握している。

　過去のデータ解析によって，これまでの使用状況や今後の使用状況からタイヤの摩耗を精緻に予測している。これにより，より正確にタイヤの交換時期がわかるのである。

　大型ブルドーザーのタイヤは高額で特殊なものである。そういった特殊用途のタイヤは作り過ぎて在庫を抱えても，ほかに買ってくれる顧客が簡単には見つからない。コマツとしては，ニーズに合わせて無駄なく行う生産計画が必要である。

　顧客側も，4本替えれば相当な金額となるため，設備投資の予算取りをしなければならない。急にタイヤ4本の交換が必要と言われても困るため，人工知能を用いたIoTの精緻な予測によって「何年何月の頃には，このくらい交換しなければならないので予算取りをしておいてください」という依頼ができ，これは顧客の予算編成において意味がある。

　このように，メーカー側にもユーザー側にもIoTは役立つのである。

　そのほか，気象協会の事例がある。ミツカンの中華めんつゆは，夏が近づいて気温が上がると，たとえばローソンの店頭で売れ行きが伸びる。それを精緻に予測できれば，店頭での在庫不足も滞留在庫を抱えて破棄する事態も発生しない。店頭在庫を持つことになるローソンは仕入れ調整をしっかりできるようになる。

　メーカーであるミツカンは，店頭での売れ行き動向を精緻に予測できることで，より無駄のない生産調整を行える。ミツカンとしては，人工知能によって気温の予想と売れ行き度合いに合わせて需要予測をして，生産調整をして出荷を行う。

　そのとき販売予測を普通の重回帰分析や多変量解析だけで行うと予測の精度が低いということとなる。そこで，人工知能を用いて，より精緻に行うこととなる。

気象協会の天気予報は，もともとすべて定点観測で行っているわけではなく，いくつかの観測所で取ったデータを基に，巨大なシミュレーション・モデルで予測している。予報が外れたとき，一般の人は傘を持っていかなかったくらいのことで済むが，農業や食品に関わるような事業では，損失が大きくなることがある。

　現在，気象の過去のデータや予測を用いながら，人工知能で過去の売れ行きとの関係性を分析して，精緻に需要予測をする取り組みがなされている。これもIoTでの精緻な予測のパターンである。

　当事例は，日経新聞2015年4月27日「つゆ売上高と気象データ一致　気温予測し生産量を調整，冷やし中華でCO_2削減」の記事や，同2015年4月6日「食品廃棄　気象予測で削減　経産省やローソン　実証実験へ」の記事などにも掲載されている。

　このようにIoTでは，蓄積したビッグデータを人工知能（AI）で分析して，精緻に予測する，あるいは，自動制御する，ということがポイントとなる。IoT（フィンテックを含む）の背景には人工知能の存在・発達があることをよく理解する必要がある。

　ただし後述するように，人工知能の開発を自社で行ったり，中身をすべて理解したりする必要はなく，新規事業立ち上げにおいては，人工知能がどのようなものであるかを把握し，そのうえで，どのように使うかという観点を優先して事業の企画に盛り込んでいく発想が重要である。

1.1.4 ▶ これまでのITブームとはプレーヤーが異なる

　IoTは，ITの分野に属しながらこれまでとはプレーヤーが異なっていることも，特色の1つである。

　IT分野のさまざまな新しいイノベーションは，通常，IT企業がリードする。しかし，IoTについては，日立やIBMといったIT企業ももちろんリードしているものの，現場を持つ企業，すなわち製造や建設・建築，エンジニアリングなどの企業がリードしていると言える。現場を持つ企業がリードできるITの進展であることが1つの特徴である。

筆者は，IoTは現場を持つ企業が有利であると考える。もともとIT企業は，現場のニーズを持っている企業とつながらない限り，ITだけではなかなか商売にならないが，IoTにおいては製造業や建設業といった現場を持つ企業の占めるウェイトはさらに大きい。

IoTにおいては，現場のニーズを持つ製造や建設，ヘルスケア，金融といった企業が活躍でき，IT企業はそうした企業とアライアンスを行って事業化に取り組んでいくことなる。

IoTを担うプレーヤーは多様で多彩であり，ガートナー（Gartner）やIDC[6]といった調査会社も積極的なプレーヤーになっている。

1.1.5 ▶ IoTマーケットの拡大と日本での注目度合い

IoTは，新聞などで非常によく見かける言葉と感じる方は多いであろう。

どのくらいの掲載度合いであるかを，筆者は日経テレコンを使って調べてみた。それをまとめたものが表1と図2である。日経テレコンで検索してみると，日本でのIoTへの関心が急激に高まりを示してきていることが明確にわかる。

米国の調査会社のガートナーやIDCの調査によると，IoTは2018年には，180億個のデバイスがネットにつながるとしており，これから数年で市場が急激に拡大すると予測されている。市場規模は2020年までに1000兆円になるとの予想が出ている。IoTの市場規模の拡大については，調査によって数字が違うが，市場が大きく伸びることは間違いないであろう。

大きな伸びを示す，巨大な市場でいかにビジネス・チャンスを捉えて収益化していくかが各企業の事業戦略において重要であり，どのような業種・業態であってもIoTに取り組まないという選択肢は，新規事業立ち上げの観点からはありえないと言ってよい。

IoTは，新規事業立ち上げのメイン・フィールドとなっていく。アライアンスによる新規事業立ち上げ戦略を考えたとき，IoTが最も重要な事業領域・方向性となっている。

6　ガートナーとIDCは米国の調査会社で，この2社がIoTの市場規模の推計や予測をリードしていると言えよう。

表1 日経テレコンでの「IoT」の検索結果

	日経朝刊	日経全紙	全国紙
2013年度Q1	0	4	11
2013年度Q2	0	1	13
2013年度Q3	1	23	6
2013年度Q4	4	35	6
2014年度Q1	12	5	12
2014年度Q2	17	127	12
2014年度Q3	22	148	7
2014年度Q4	50	279	31
2015年度Q1	86	387	64
2015年度Q2	105	518	64
2015年度Q3	116	575	99
2015年度Q4	142	773	134
2016年度Q1	178	963	156
2016年度Q2	184	1071	320

注1：Q1（第1四半期）→4〜6月，Q2（第2四半期）→7〜9月，Q3（第3四半期）→10〜12月，Q4（第4四半期）→1〜3月。
注2：「日経全紙」は，日経の朝刊・夕刊，日経産業，日経MJ，日経ヴェリタス，日経金融，日経地方経済面を指す。「全国紙」は，朝日，毎日，読売，産経，共同通信，時事通信，ロイター通信，NHKニュースを指す。「日経朝刊」は，日経新聞の朝刊のみである。
注3：「IoT」という単語でのキーワード検索の結果のため，別の語彙のつながりなどで，ほかの意味の「IoT」という単語もヒットしている可能性がある。
出所：日経テレコンを用いて過去の検索を行い，筆者作成。

　ガートナーとIDCがIoTの業界をリードしていると言える。図3は，ガートナーとIDCの2社のデータをもとにしたIoTデバイスの伸びに関する資料である[7]。

　IoTの伸びは，2016年は前年に比べて30％ほど，インターネットに接続されるデバイスが増えると言われている。2020年までには210億個のIoTデバイスがつながるという予測がある。2015年頃までの予測では180億個であった。調査によって予測の数は違うが，共通してまだまだ伸びるという予測である。

　PCやスマホ，タブレットは，2016年現在，あまり伸びていない。IoTは，2018年に向けて大きく伸びる予測となっている。日本の大手企業では，IoT

7　インテルがマカフィーを買収したが，その事業計画書がインターネット上に載っており，そのなかにこのデータが含まれていたので，参考にした。

図2　日経テレコンでの「IoT」の検索結果

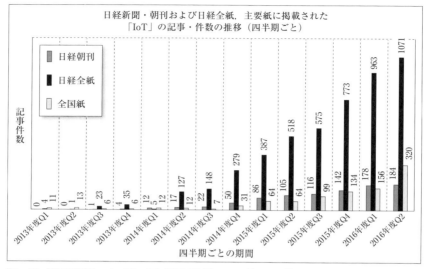

注1：Q1（第1四半期）→4～6月，Q2（第2四半期）→7～9月，Q3（第3四半期）→10～12月，Q4（第4四半期）→1～3月。
注2：「日経全紙」は，日経の朝刊・夕刊，日経産業，日経MJ，日経ヴェリタス，日経金融，日経地方経済面を指す。「全国紙」は，朝日，毎日，読売，産経，共同通信，時事通信，ロイター通信，NHKニュースを指す。「日経朝刊」は，日経新聞の朝刊のみである。
注3：「IoT」という単語でのキーワード検索の結果のため，別の語彙のつながりなどで，ほかの意味の「IoT」という単語もヒットしている可能性がある。
出所：日経テレコンを用いて過去の検索を行い，筆者作成。

のサービスを2018年4月から始めたいと考えているところが多いが，こうした予測を見て，盛り上がる2018年頃には始めないと出遅れると考えている企業は多いようである。

　そのほか，インターネット上でも，IoTのさまざまな市場が拡大する予想が溢れている。

　今の世の中は物余りで，ある程度，人も企業も満ち足りている。そのなかで何か新規事業を立ち上げようとなると，IoTしかないとの傾向が読み取れる。それ以外の方向性がなかなか見つからない時代であり，本書では，IoTを新規事業のメイン・フィールドとして捉えて議論を進める。

図3 インターネットに接続されるデバイスの伸びの予測

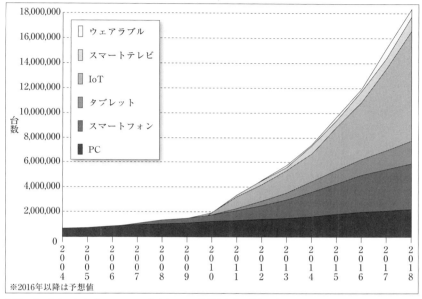

※2016年以降は予想値

出所：ガートナーおよびIDCのデータをもとにした資料を参考に筆者作成。

1.1.6 ▶IoTは「ハイプ・サイクル」における「過度な期待期」を越えた！

　ハイプ・サイクルとは，さまざまな新しい技術が生み出されたとき，黎明期から，過度な期待のピーク期が訪れ，その後，意外とビジネスにならないということで期待が幻滅に変わって幻滅期が発生する。2016年は，IoTは幻滅期に入っていると筆者は考える。その後，啓蒙活動期があり，安定して収益化する時期が訪れる（図4）。

　IoTを組み立てる要素技術は以前からあったものであるが，IoTという形になったのは2013〜14年頃からである。2015年がIoTに期待がかかった，過度な期待のピーク期であったと言えよう[8]。

　その反動から2016年は，やや幻滅期に入りつつある。2015年はIoTでこういうことができる，などと盛り上がったが，ビジネスとして収益化できてい

8　筆者は2015年度は，講演の依頼数が伸びたが，それはIoT関連の講演が増えたことに起因している。

図4　新技術の普及とハイプ・サイクル

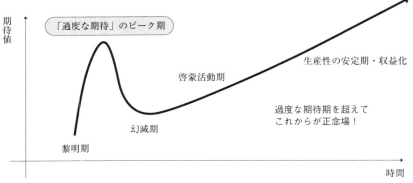

出所：筆者作成。

る企業は少ない。いろいろと検討して行っているが，なかなかビジネスになっていない企業が多い。これからの時期は，ビジネスとして成り立たせることが重要だと筆者は考える。

　2017年を踏ん張って試行錯誤をしながら，IoTの事業構築に取り組んだ企業が，安定成長期にさしかかった2018～2020年以降に，収益を上げていくであろう。

第2章 複合的な事業構築となるIoT
～アライアンスの主戦場

次に，IoTの仕組み，構成要素などについて解説したい。

1.2.1 ▶ IoTを構成する要素～ハードとソフトの両方の組み合わせ

筆者はここ数年，さまざまなIoTのプロジェクトに関わっている。

たとえば図5は，以前に筆者が取り組んだ小型機械メーカーのIoTのプロジェクトの概要を示す図である。守秘義務があるため，簡素化したものとなっている。

工場で多く使われている制御のための小型機械が，いつ故障するか，いつオイル交換するか，いつ取り付け直すかという予測ができるようにし，メンテナンスを効率化するとともに，予測に基づいて，先取りをして顧客対応することで，顧客満足度を向上させるためのIoT機能付きの機械の販売を開始しようとしたIoTの事例である。

さまざまな工場には小型の機械がたくさん用いられており，それら小型機械の稼働状況，温度，電流値，運転時間，オイル交換の時間などをセンシングしてデータをネットに接続する。

Wi-FiやBluetooth，LTEでICTにつないでセンシングしたデータをサーバーで蓄積し，ビッグデータを機械学習など人工知能で分析し，それを保守サービスに生かしていく仕組みである。これが，IoTの基本的な仕組みである。

現在は，故障してからメンテナンスの担当者が修理に行っているが，図5はIoTで，温度や電流値，運転時間などをセンシングし，ネットにつなげてクラウドして，そのデータを分析し，修理する時機などを精緻に予測するIoTシステムとなっている。

図5　IoTのスキーム図（概要）

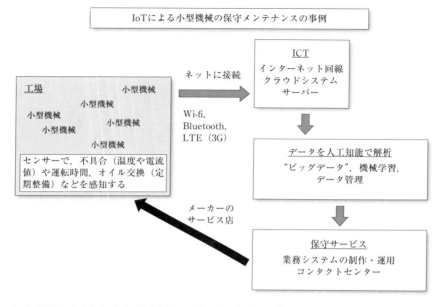

出所：実際のコンサルティング案件をもとに，守秘義務に抵触しない範囲で筆者作成。

　IoTの機能がない状態では，小型機械が故障した場合，カスタマーセンターへの電話を担当者が受けて，保守メンテナンスのサポートの人が修理や交換に行っていた。

　それが，壊れる前に，部品やオイルの交換の時期を精緻に予測し，先回りして対応できることになる。これは，顧客満足度の向上につながる。

　メンテナンスで回る際にも，従来のようにたとえば福岡で対応した後，次に鹿児島に行って，鹿児島から次は福岡に戻るとなると，効率が悪い。

　メンテナンスや取り換えの時期をより精緻な予測ができれば，そろそろ壊れそうな場所を順番で回ることができるようになる。そこがIoTでサポートすることのメリットである。

　たとえばコピーの複合機では，最近は，カートリッジがなくなりそうになったら，自動的に新しいカートリッジが郵送されるようになっている。機械がネットにつながって，どのくらい残っているかを監視し，このペースで使

っていたら，何色のインクがいつなくなるかということを過去のデータの分析から予測するわけである。[9]

　同じように，工場の制御で用いられる小型機械は，そろそろ壊れそうだなどとビッグデータを人工知能で分析し，精緻に予測して壊れる前に，よいタイミングで修理や取り換えに来てくれるようになると，顧客にメリットがある。これはGEがボーイングの航空機のエンジンにおいて行っているIoTと同じである。

　機械が壊れてからメンテナンスに行くと，その期間，工場の稼働がとまったり，臨機応変に対応できなかったり，顧客の工場が遠くに立地していたりして離れ離れな場所を修理して回る事態が起こる。

　修理の必要が予測されれば，回るルートやスケジュールをうまく組み立て，小型機械メーカーはメンテナンスの作業が効率化でき，コストを下げることができる。

　壊れそうになったら先にメーカー側から連絡することは，顧客に付加価値を提供でき，新たな売上・利益の獲得へつながる。

　ただしIoTによって，精緻な予測や自動制御ができるようになったとしても，最後は人間がメンテナンスをしなければならず，また，顧客との連絡のやりとりというサービスは必要であり，そのための業務システムも必要となる。IoT対応の機器を開発し，サービス提供を行っていく場合でも，最終的には人が介在する部分が出てくる。

1.2.2 ▶ 複合的な事業構築になるIoTは，アライアンスが有効！

　IoTは，図6のように，①ハード開発・応用（センサやデバイス，カメラなど），②インターネット接続とデータ保管（ICT，クラウド），③収集したデータ解析・処理（"ビッグデータ"，機械学習），④サービス対応（業務システム，コンタクトセンターなど），⑤現場のニーズを持つ企業といった要素を

---

[9] 厳密には毎日のカウンターでの使用枚数の把握で，単に何%以上減ったら，次のものが届くという設定によって運用されている機種もある。すべてが筆者の定義によるIoTに該当する仕組み，すなわち個別ユーザーのデータをネットからクラウドして，データを人工知能で分析しているわけではないことを指摘しておく。

図6 複合的な事業構築となるIoT

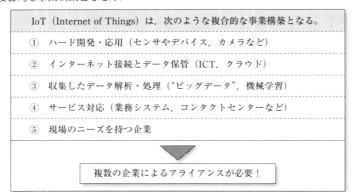

組み合わせる複合的な事業構築となる。

　1社だけでIoTの構築ができる企業も一部あるが，自前主義だけではIoTの新規事業は立ち上げにくく，アライアンスの活用が必須となり，まさに「アライアンスの主戦場」と言える。加えて，IoT全体（ハード＆ソフト，そしてビジネス）をコーディネートする人材が必要となる。そして，アライアンスの仲介者の役割が必要である[10]。

　筆者はITやデバイスの専門家ではなく，アライアンスの専門家であるが，なぜIoT関連で多くのご依頼をいただいているかといえば，IoTにおいては，複合的な要素を組み合わせて新規事業を行うことになるためである。IoTはアライアンスが主戦場で，新規事業立ち上げのメイン・フィールドであるため，新規事業立ち上げとアライアンスを専門に扱う筆者に今，依頼が多くなっていると理解している。

　繰り返しになるが，IoTは，センサやデバイスなどのハード，ICTや通信などのネット，人工知能でのビッグデータ解析などの組み合わせである。

　加えて筆者は，サービス対応をいつも構成要素として入れている。IoTは基本的に機械と機械で，M to Mで完結するべきものだが，サービスに仕立てるときにはコールセンターや仲介，コーディネートをする担当者などが必要

10　本書の第3部でもIoT全体をコーディネートする人材の必要性について述べている。

だからである。

　5番目の要素は現場のニーズを持つ企業である。製造業や建設業，金融業などIoTで何かをしたいというニーズがある企業，ITではない業種の企業が大きな役割を果たしている。とくに，GEやシーメンスなど製造業の企業が，メイン・プレーヤーになっている。

　もともとIT企業は，何らかの現場のニーズがある企業とやりとりをし，ITだけでは事業になりにくかったが，IoTにおいては，そういう面がより強いと言える。

　日立グループのように，IT技術やセンサなどの製品，インターネットのサービス，人工知能でのビッグデータ解析，さらに建機や産業機械などを製造・販売し，工場も制御しているグループ企業があり，1社だけでIoTを完結して構築・提供する企業もあるが，ごく限られた少数である。

　また，すべて自前のモノでIoTを行うとコストが高くなることもある。

　多くの企業は，IoTを構成する5つの要素・機能のなかのどれかの要素だけに取り組んでいる。5つの要素のうちの2～3つなど，複数を担える企業はある。したがって基本的に，どこか外部の企業と組まないとIoTを構築し，事業にしていくことは難しい。

　それからIoTには，全体をコーディネートする人材が必要であることを付記しておく。クラウドシステムなどのITであれば，もちろんITのエンジニアが専門である。

　しかし，産業機械などIoTの対象となるモノに，どこにどういうセンサをどのように付けてセンシングしたらいいか，いくつのデータをどうセンシングすればビッグデータ解析のときに十分なデータになるかという人工知能の部分と全体をわかる人材は少ない。

　ここで重要なのは，すべての専門家ではなくていいが，ある程度それぞれの分野についてわかっていて全体をコーディネートする人材である。そういう人がいないと，なかなかIoTがビジネスとして成立していかないと筆者は考える。

　ITではなくアライアンスの専門家である筆者がIoTについて，多く取り組むことになっている理由はここにある。IoTは，1社だけでなく複数の企業

がアライアンスで組んで事業構築しないと，なかなかできないからである。

　IoTのハード面では，センサやデバイスなどの開発がまずある。それから，IoTはセンシングしたデータをインターネットに接続することになるため，ネット回線やサーバーなどのICTでデータをクラウドする部分があり，ためたデータを人工知能で分析して予測をし，制御することになり，人工知能でのビッグデータ解析も必要になる。

　このようにIoTは，ハードとソフトの両面で，いくつもの要素を組み合わせた複合的な事業構築となるのである。

1.2.3 ▶ IoTは継続収入型ビジネス～受託型からの脱却に有効！

　冨田（2014）では，新規事業を収益のあげ方の観点から，次の5つに分類している[11]。

図7　新規事業の収益モデルから見た分類

【収益モデルから見たタイプ】
①受託型の事業 　　　（身体を動かした"スウェット"分が収益，仕事量は顧客次第，価格も顧客次第!?）
②自社製品（サービス）開発型の事業 　　　（メーカーのポジションとなるもの，利益率が高い）
③ランニングで継続収入が入る形の事業 　　　（売り切りではなくクラウド型，保守メンテナンス）
④ノウハウを教える形の事業（"先生"型）
⑤資金を投資してリターンを得る形の事業

出所：冨田（2014）をもとにして，筆者作成。

　ここでは，収益モデルから見たタイプについておさらいしておこう。

　1番目の受託型の事業は，何かを受託して製造・製作したり，施工したりするタイプで，スウェット（汗）を流した分，すなわち身体を動かした分の収益を取るものである。

11　そのほか，リスク・リターンや期間，発想などでも分類している。

受託型は，どのくらい仕事を頼んでもらえるかは顧客次第だし，価格もこちらが決めているようで実は顧客が決めていたりする。これをいくらで売ってくださいと依頼される形である。受託型の収益の事業が多い企業は，景気に左右されやすい。

　景気にまったく左右されない企業は世の中にほぼないが，受託型に大きく依存する企業には顧客次第のようなところがあって，景気の波を受けやすいという面がある。

　2番目の自社製品（サービス）開発型の事業は，メーカーなどであれば，粗利が比較的高く，販売店が営業してくれて相当の利益がある。ただし，開発に，お金と労力と時間がかかり，うまくいくかどうかのリスクがある。

　3番目のランニングで継続収入が入る形の事業は，後ほど説明する。

　4番目はノウハウを教える形の事業である。これは先生型とも呼べる。

　たとえば日立製作所は数年前，本格的なリストラを行ったが，その経験をもとに，リストラやコストダウンのノウハウをアドバイザーとして提供し始めている。自分たちが知っていること，学んだこと，行っていることをコンサルティング事業として提供する。

　モノづくりの現場のノウハウや分析の手法などを有している企業があるが，そうした企業は，コンサルティングやセミナーで売れるものを持っていると言える。

　5番目の資金を投資してリターンを得る形の事業は，不動産や太陽光パネルに投資するなどの事業である。

　IoTは，収益事業として取り組んだ場合，クラウド型のビジネス形態になるため，3番目のランニングで継続収入が入る形の事業にカテゴライズされる。これは受託型（下請け型）のビジネス構造の企業にとって，受託型から脱却するために有効である。IoTによる継続収入型の新規事業立ち上げ，および多角化戦略によって，収益のあげ方が異なる事業を複数組み合わせることができ，企業の収益構造を強化できる。

　IoTは，継続的な収益が入る形の事業構築にしやすいことを理解していただきたい。

　イニシャルでの単発の収益だけでなく，ランニングで薄い収益を累積的に

積み重ねていくことになる。IoTは，基本的にサービスとして見た場合，製品にIoT機能を付けたり，IoTのシステムで何かを制御したりすれば，クラウド型になり，継続収入型となる。ここがポイントである。

　この形態の収益モデルは，アンカリング収益モデルと呼ばれることがある。最初に何かをアンカー（碇）のように下ろして，そこに関連付けて継続収入を得る収益モデルである。日本ではソニーが，プレイステーション4などのゲーム機事業において，いち早く取り入れている。

　単発の売上モデルは，毎回，営業して1台売れるか2台売れるかという売上獲得になる。他方，継続収入型は，たとえば携帯電話のように1回販売したときに初期手数料を売り上げ，その後に継続手数料が入ってくる形である。

　ソニーのプレイステーション4は，約4万円で販売し，イニシャルで売上が入るが，その後にユーザーがネット上からゲームアプリをダウンロードしたり，ネット上で対戦ゲームをするために，月々980円がカード決済で得られる。プレイステーション4が売れれば売れるほど，月々のユーザーの使用料が累積していく。

　同様に，クラウド型システムでIoTのシステムを設置して，ウェブカメラやセンサでデータを収集・蓄積し，人工知能で分析して，それによって制御したり予測したりするモデルは，1度設置すれば，初期手数料をいくらか受け取るとともに，後に毎月や毎年，継続して手数料を受け取る。

　IoTの収益モデルは，イニシャルの初期費用と，ランニングの月々の利用料の組み合わせが基本となる。IoTサービスとして売上を得るか，もともとの製品にIoT機能付きとして含めてしまうかのどちらかとなる。

　単発の販売による収益モデルとは，そこが異なっている。

　図8のようにIoTは，受託型からの脱却のために有効である。

　既存事業と異なる収益モデルの新規事業を立ち上げていくと，異なる収益モデルの事業を組み合わせた事業ポートフォリオができ，経営基盤の強化に有益である。

　先に示した収益モデルによる事業のパターン分けにおいて既存の事業が1番目であれば，今後展開する事業は，自分たちが今まで行ってきたものを活用したうえで，2番目など違う収益モデルができないかと検討することが大

図8　継続収入型のビジネスモデル

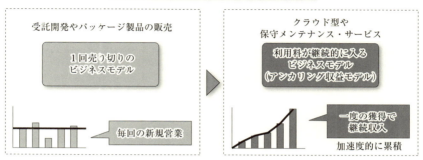

出所：筆者作成。

切である。

　それによってシナジーが生まれ，もともと行ってきたものを膨らませて，追加的な売上を得られるようになれば会社全体として高収益化していく。

　たとえば産業機械を売る企業が，今までのように製造して売って終わりというのでなく，保守・メンテナンス契約をするとき，継続して売上を得られる仕組みのIoTビジネスを立ち上げていくことなどが有益である。

　さらに，そうして得られるデータを自社が蓄積できるようにするとよい。顧客のサーバーに上がるのでなく，自社のサーバーに上がって，自社でデータを分析するようにし，ワーニングや案内を出すことなどができるようになると，企業として強くなる。

　データを持つことは，IoTにおいては非常に重要なことである。

1.2.4 ▶ IoTでビジネスモデルが変わる！～「モノ売りからコト売りへ」

　IoTでビジネスモデルはどのように変化するであろうか。

　たとえば，ケーザー（Kaeser）というドイツの大型のコンプレッサーの企業が典型的な事例となる。

　コンプレッサーとは空気を圧縮して何かを動かしたり，制御するための機

械であるが，ケーザーは「モノ売りからコト売りへ」の変化を果たした。

コンプレッサーを買う顧客は，コンプレッサーという機械が欲しいのでなく，圧縮した空気で何かを制御する「コト」が欲しいわけである。

そのため，コンプレッサーで圧縮空気1立法メートルあたりいくらという従量課金制をするようにした。IoTでセンサを付けて，どれだけ稼働したか，電気量はいくらかなど，さまざまなセンシングをすることで，従量課金制にできるわけである。

米国では，高額な分析機器や医療機器などは，使った分だけ払う従量課金制がかなり普及している。

このように，IoTは「製品のサービス化」であり，IoTの進展によってビジネスモデルが変化している。ビジネスモデルの変化について，筆者は今後，重要な研究テーマになると考えている。

1.2.5 ▶ IoTの進化で，ビジネスモデルとして変化する部分としない部分

IoTの進展により，ビジネスモデルには，変化する部分と本質的に変化しない部分の両面がある。

変化する部分としては，本書ですでに考察したように，次の2つが特徴としてあげられる。

1つ目は，継続収入型のビジネスモデル，すなわち，アンカリング収益モデルになる点である。これはIoT事業の仕組みがクラウド型となるためである。

「モノ売りからコト売りへ！」のように，初期費用を受領して設置した後は利用料を受け取るケースがこれに含まれると考えてよいであろう。

他方，IoTを構成するセンサやデバイスのパーツやモジュールだけを開発・製造するケースや，サーバーやインターネット回線などのITインフラを提供するだけのケースもあり，それらについては，これに当てはまらない。

2つ目は，複合的なビジネスモデル構築になることが大きな特徴である。

前述したとおり，アライアンス活用の有用性が高まることとなる。

アライアンス活用によって，どこかと組んだとしても，できるだけエンド製品に近いかたちへ，すなわち「パーツ ＜ モジュール ＜ エンド製品・シス

テム，そして ＜サービス化」という，より大きな単位へビジネスモデルを拡大させることで利益を挟み込めるようになるであろう。

アライアンス活用によりビジネスモデルをつなげることで，範囲を広くし，より高収益なモデルにすることが可能になることを付記しておきたい。

アンカリング収益モデルとなりやすい，あるいは複合的な事業構築になるといった変化があり，IoTの事業構築においては本書で述べているような留意点がある。しかし，IoTをビジネスモデルとして捉えた場合，これまでのビジネスと決定的な違いはないとも言える。[12]

複合的な要素の組み合わせによる事業構築になるため，IoTのビジネスモデルは既存のさまざまなモデルの組み合わせになることが最大の特徴である。

逆に言えば個々のビジネスモデルによってIoTに関わることになる企業にとっては，IoTだからといってビジネスモデルは変化しない。

もっと言えば，IoT全体のビジネスモデルの競争力を高めるために，構成する個々のビジネスモデル自体を強化することがポイントとなる。

サッカー・チームを強くするために，1人ひとりの選手を強くする必要があるのと同じである。個々のビジネスモデルの競争優位をつくるには，今日のように成熟した世の中では，いかに人工知能を活用するかがポイントとなる。人工知能の利用以外に新しい展開が難しい時代において，そこがポイントになると筆者は考える。

個々のビジネスモデルを強化するため，いかに人工知能を用いるか。

それがIoTのビジネスモデル全体の競争力を規定することになるであろう。

1.2.6 ▶ アライアンスの数理モデルの発展ステップの応用の可能性

複数のビジネスモデルの組み合わせがIoTのビジネスモデルとなるため，それぞれ構成する要素の既存のビジネスモデルの合算（足し算）で，IoTシステム・事業のビジネスモデルは表現できると考えられる。

また，販売代理などの営業会社との関係においては，でき上がったビジネ

---

[12] 筆者はセミナーで，ある東証1部上場企業の新規事業担当の執行役員の人に，IoTの新規事業立ち上げは，これまでの事業の立ち上げとどこが異なるのか，同じなのか，と強く質問されたことがある。筆者は，複合的な事業構築や継続収入型にしやすいといったことはあるが，本質的には変わらないと回答した。

スモデル自体をかけ算で増やすかたちになり，モデルとモデルをかけ算でつなぎ合わせることができる。

そもそも，売るデバイスの開発においては，企業同士の技術面での共同開発などがあり，それは相互補完モデル（引き算）となる。開発力のある会社と販売力のある会社の組み合わせも，相互補完モデル（引き算）で説明づけられる。

このように第2部では，筆者のアライアンスの相互補完・加算・相乗モデルを提案・紹介するが，IoTのビジネスモデルの解明においても，アライアンスのマッチング数理モデルの発展ステップ，すなわち相互補完モデルに加算モデルを足し，相乗モデルを掛け合わせるといった考え方を応用することが有益であると筆者は考えている。

つまり，メーカーやクラウド型事業，営業会社のビジネスモデルなどをどのようにつなげていくかという，コネクトの仕方を検討することで，IoT全体のビジネスモデルを解明・把握することができると考える。

IoTのビジネスモデルの分析・検討のために，アライアンスの数理モデル研究の発展ステップを応用させることは，今後の研究課題としていきたい[13]。

1.2.7 ▶ IoT時代はデータを持つ企業が勝つ！

IoTにおいては前述のとおり，データを人工知能で解析し，自動制御や精緻な予測を行う。そのためIoTの時代はデータを持つ企業が勝つことになる。

まずデータが必要となる。データをセンシングし，人工知能で解析して，自動制御したり，精緻な予測をしたりすることがIoTである。そのためデータを持っている企業が強い。

スイスのネスレは，粉ミルクの会社として数世紀にわたって世界の食糧事情や人口動態についてのデータを蓄積しており，国連に提供している。この

---

[13] アライアンスの数理モデルと同じく，各ビジネスモデルの構成・関係性を数学表現できれば，プログラミング言語での実装が可能となる。そうなればコンピューテイショナルになり，数値として把握できるようになる。IoTのビジネスモデルの個別のモデルの数学表現，それぞれのビジネスモデルの数学によるリンクを行えば，IoTのビジネスモデルの評価を数値で把握することができるであろう。

ようにデータを持つネスレのような企業は，IoTの時代において強いと言える。

小林（2016）によれば，
① 価値あるデータが得られる場所はどこか？
② それを見つけて継続的に集める
ということが大切で，鉱脈を見つけ，金鉱石を掘り出すような地道な工程であると述べている。これには筆者も同感である。

何に役立つかすぐにわからなくてもデータを収集しておく方法と，こういうことに役立てるためにこういうデータを収集するという2つの方法がある。こういうことをIoTで行うために，そういうデータを何らかのセンシングで収集するという後者のほうがIoTの事業構築で成功しやすいと筆者は考える。

ただしネスレも，今日のように人工知能やIoTの時代となって，データが別の用途で利用可能になるとは予想していなかったと思われる。一部の精密機械のメーカーが行っているように，今は何に使えるかわからないが，さまざまなデータをセンシングして蓄積する取り組みが，実用面で奏功するケースも今後は出てくるかもしれない。

IoTに取り組むにあたって，データが顧客や外部でなく，自社にたまるようにすることがポイントとなる。将来的な収益力やポジショニングを決める重要なことと捉えて，IoTのシステム構築において，慎重に検討・交渉するべきである。

ちなみに，トヨタ自動車はGoogleとの協議の結果，自動運転車の開発で組まないと決めたとの報道が出た（2016年7月31日の日経新聞・朝刊）。

トヨタ自動車は，過去数十年にわたって自動車に関するデータを収集・蓄積しているが，自動運転で業界をリードしようとしているGoogleにデータを取られては困るという判断であると筆者は考えている。

なお，その後，ホンダが，完全自動運転車の開発でアライアンスをすることとなった（2016年12月23日の日経新聞・朝刊）。

以上のように，データを持っているかどうかが，IoTの時代には，競争優位構築の重要な要素となっている。

第3章 IoTにおいて大きな役割を果たす人工知能

　IoTの話題からそれるが，IoTにおいて人工知能は重要な役割を果たしている。ここで，人工知能について解説しておきたい。

1.3.1 ▶ 人工知能という言葉の起源とその急速な進化

　人工知能（Artificial Intelligence）という言葉は，米国のジョン・マッカーシー（John McCarthy,1927年9月4日〜2011年10月24日。マービン・ミンスキーと並ぶ初期の人工知能研究の第一人者）が，1956年のダートマス会議のために出した提案書で初めて使用された。

　このことは先日，前・慶應義塾塾長の安西祐一郎先生（現在，日本学術振興会理事長，中央教育審議会会長）の文化功労者顕彰のお祝い会に参加させていただいた際に，認知科学（cognitive science）が専門の安西先生にお聞きした。

　"情報処理心理学"という言葉も候補になっていたようである。

　2016年3月に，Googleが英国のディープマインド（DeepMind）を買収してつくった"アルファ碁"が，囲碁の世界チャンピオンに勝ったというニュースが注目を集めた。

　囲碁は将棋やチェスと違って，空いているスペースに碁石を入れるため，パターン分析において難易度が高く，人工知能が人間に勝つのはまだ10年先と考えられていたが，人工知能の発展スピードが速まったと言える。

　ちなみに人工知能がチェスで人に勝ったのは1997年，将棋は2013年である。同じく3月に，星新一を記念したSFの文学賞の1次審査を，人工知能が書

いた小説が通過したというニュースがあった。ただ，8割は人間の手によるものとなっている。

　人工知能は過去のデータを分析することは得意であるが，まったく新しく物事を創造することが苦手である。小説を書くことは，人工知能にとって最も難しい領域と言えよう。

　人工知能は，過去に行ったことを学習し，そのうえで判断することが得意である。

　たとえばTシャツのデザインをつくるとき，世界中のTシャツのデザインを分析して，どれが一番売れるか過去の売れ行きデータから予測して提示することはできるが，まだ誰もつくっていないデザインを新しく自らつくることは苦手である。

　クックパッドに載っているシェフ・ワトソンは，人工知能でレシピを開発してくれるものであるが，人工知能がまったく新しいレシピを考え出しているわけでなく，過去に人間が考えたレシピのなかから「これはおいしかった」と評価が高かったものを分析し，過去の学習の蓄積結果から提示している。

　そういう面で小説は，過去の文章を分析するにしても，独創性，クリエイティビティが必要である。しかし難しいところにチャレンジし，1次審査を通るまでになっている。

　作家の朝井リョウさんは，人工知能に大枠をつくってもらい，精緻な小説の設計をしてから自分は具体的な文章を書くことに集中する，という形を考えている。

　よく知られる人工知能の取り組みとして"ロボットは東大に入れるか"の「東ロボ・プロジェクト」がある。

　国立情報学研究所教授の新井紀子さんが進めているもので，まだ東大に合格できるレベルにはなっていないが，MARCH（明治・青山学院・立教・中央・法政）レベルには合格可能となっている。このことは何を意味するかと言えば，私立文系の最も多いゾーンのレベルのことは，「人工知能ができるようになっている！」ということである。

　なお，東大ロボ・プロジェクトは，その後，方針転換をしている。人工知能には得手不得手があり，数学などは得意であるが，文脈を読み取る現代文

などが苦手である。

　そのため，今後は得意科目に注力し，総合点が必要な東大合格は目指さないという報道がなされている（2016年11月15日，毎日新聞）。

　オックスフォード大学の研究チームの報告書で，人工知能の発達で"なくなる職業"のランキングが多数出ている。週刊誌などで，ご覧になった人も多いであろう[14]。

　その後，さまざまな研究所や調査会社が類似の調査を行っている[15]。

　とりわけ，士業（税理士や公認会計士，不動産鑑定士など）のように，ルールに基づいて行う仕事は人工知能に代替される確率が高い。今，米国のいくつかの州の司法試験に，人工知能はすでに合格している。過去の判例などを覚えているのである。

　米国は判例法の世界であるため，若い弁護士の役割は過去の判例を調べることだったが，人工知能の発達で若い弁護士やパラリーガルの仕事はどんどん減っている[16]。

　人工知能による代替・自動化と，共存・拡張については，第3部で述べている。

1.3.2 ▶ 人工知能の発達によりIoTやフィンテックが実現！

　IoTや今話題のフィンテック（FinTech，Financial+IT）が実現している背景として，人工知能の発達がある。筆者は，IoTの1つがフィンテックという位置づけと認識している。

　IoTの特徴は，精緻な予測と自動制御の2つである。

14　たとえば週刊ダイヤモンドの2016年8月27日号「勝者のAI戦略」に，代替可能性のランキングが載っている。1位の経理事務員は99.99％で，45位の不動産鑑定士で66.39％となっている。

15　日本では2015年末に野村総合研究所による機械化代替率の調査・分析が発表されている。週刊ダイヤモンド（2016年8月27日号）『勝者のAI戦略』にもダイヤモンド社による独自試算での機械化代替率が掲載されており，士業などのホワイトカラーの代替率のランキングが載っている。

16　日本の司法試験はまだ合格していないが，これは日本語での人工知能の解析がまだ英語ほど進んでいないことや，試験制度が影響しているのであろう。

それをつかさどっているのが，人工知能となる。

IoTは，代表事例である自動運転においては，人間はA地点からB地点に行くということだけを決め，スピード・コントロールや位置情報の把握，障害物の察知・回避などはすべて機械と機械が交信し，数千，数万というパラメーターを人工知能が解析し，自動制御している。これだけ多くのパラメーターの制御は人工知能でなければできないわけで，人工知能がなければ自動運転は実現しない。

フィンテックにはいくつかのカテゴリーがあるが，たとえば家計簿アプリとの連動で，ロボット・アドバイザーは，個人の消費や貯蓄・投資の行動を読み解き，ほかの多くの人のデータ解析から最も適した資産運用の方法をアドバイスする。

それは，人工知能によるビッグデータ解析が実現するものである[17]。

新規事業立ち上げで，人工知能（AI）の活用を検討することは不可欠と筆者は考える。

そのほか，前述した建機のコマツのブルドーザーのタイヤの摩耗を管理するIoTでは，タイヤに取り付けたセンサからの情報や稼働状況などのビッグデータを用いて，人工知能がタイヤの摩耗度合いや将来の交換時期を精緻に予測している。

また，生体情報をウォッチできるウェアラブル・デバイスによって取得した情報から，病気の予防のための予測を，過去のデータに基づいて人工知能が分析して行っている。これらは先に述べた人工知能（機械学習）の予測能力によって実現している。

話題のフィンテックにおいても，個人の消費・貯蓄行動などの分析から，さまざまな金融面のアドバイスをしてくれる個人向けサービスが登場しているが，それらの背景にも人工知能の利用がある。

このように人工知能は，私たちの生活ですでに多く実際に活用され始めている。

17　フィンテック隆盛の背景には，人工知能とともにスマホの普及があると筆者は考える。

1.3.3 ▶ 人工知能を身近に体感できるアンサンブル学習のデモ

　IoTに関する筆者のセミナーでは人工知能の1つである機械学習（マシーン・ラーニング），とくにアンサンブル学習のデモを行っている。本書でも紹介しておきたい[18]。

　アンサンブル学習とは，複数のアルゴリズムを組み合わせたもので精度の高くない複数の結果を統合・組み合わせることにより，精度を向上させる機械学習方法である。

　筆者の博士号の指導教授である慶應義塾大学・武藤佳恭先生（機械学習の第一人者）の武藤（2015a）に掲載されている事例を用い，一般的な統計学の重回帰分析と，オープン・ソースの機械学習パッケージScikit-learn（11種類が入っている）の2つの比較で，その予測の精度を試してみるデモが紹介されている。

　VMware Playerで，Windowsマシンにて，LinuxのUbuntuを走らせ，そのうえでPython言語で操作する形である。

　たとえば，最高気温（temp）と通行人数（street），アイスクリーム（ice）の売上のわずか31日分（date）のデータで重回帰分析との予測精度の比較を，R-squared（実際のデータと予測値のフィット度を示す値。1に近いほど予測が正確であることを意味する）を指標に用いて行うと，R-Squaredが重回帰分析では0.45が，最も高いアンサンブル学習では0.985へと向上する。

　これまで一般的に販売予測などで用いられているのは普通の統計学であるが，人工知能を使うと，より精緻に，しかも数の少ないデータで予測できることがわかる。

　このように人工知能はアルゴリズムがプログラミングで実装され，ネット上のライブラリで，オープン・ソースとして公開されているため，誰もが使うことができる。

　ビジネスで人工知能を動かしてみたことがある人はまだ少ないであろうが，これらを試してみて，実際に人工知能の機能を体感していただきたい[19]。

18　Kindleの続編となる武藤（2016）に，新しいデモなどが紹介されている。なお，武藤（2015b）にも別のデモが掲載されている。

19　世界最高峰の経営学会の1つ，Academy of Managementなどでは学会発表の8割ほ

これまでの経済学や物理学などは人間がモデルをつくっていた。つまり人間が，パラメーターを規定してモデルを構築し，重回帰分析を行っていた。

　人工知能を用いると，人工知能がモデル自体をつくることになる。人工知能がモデルなしでデータからパラメーターを抽出し，重要度を判断してモデルを構築してくれる。

　その部分はある意味で"ブラックボックス"となる。しかも最新のアンサンブル学習では，データの重要度（Feature of Importances）を自動的に演算し，生成できるため，どのパラメーターが重要かも人工知能が教えてくれる。

　本書の第2部では，筆者の博士号取得の研究の企業間アライアンスの数理モデルを掲載しているが，今後，機械学習を応用させれば人間がモデルをつくる必要はなくなり，より予測精度の高いモデルを人工知能が自動生成していくと筆者は考えている。人工知能の応用が進めば，モデルをつくる専門家は必要なくなると予想される。

　人工知能の時代は，モデルは自動生成される"ブラックボックス"であることを理解してほしい。もちろん人工知能の操作によって，分析した結果は保存することができるが，人工知能が生成したモデルは，大量の文字の羅列が続くようなものであり，人間には読解できない（リーダブルではない）ものとなる。

1.3.4 ▶人工知能をいかに使うかが大切！

　ビジネスに人工知能を応用させて事業化していく場合，人工知能の中身を完全に理解する必要はなく，いかに利用するかを考えることが大切である。

　人工知能は，前述したScikit-learnのように，アルゴリズムがパッケージ化されて，オープン・ソースとして無料で使えるものがある。

　オープン・ソースとは世界中の研究者や開発者が参加して開発を進め，無料で使えるようにソースが公開されているものを指し，自由に利用できる。

　たとえば乗馬をするために，馬の身体のメカニズムをすべて理解する必要はなく，いかに乗りこなすかが重要である。馬が食べた物をどう消化してい

どは重回帰分析の研究の状況であるが，今後，筆者は重回帰分析ではなく機械学習を用いた研究を発表しようとしている。

るか，足がどういうメカニズムで動いているかなどは理解しなくても，乗りこなせればいいわけである．

人工知能についても，同じように考えることが肝要である．人工知能の中身を勉強し，理解できないから使えないと言っていたらビジネスに応用できない．新規事業や事業開発担当者にとっては，人工知能をいかに使うかがポイントである．

筆者は人工知能の開発の専門家ではない．筆者が所属する慶應義塾大学SFCの武藤佳恭研究室では，人工知能のアルゴリズム自体を開発して世界チャンピオンになった人もいるが，筆者は人工知能の利用やビジネスへの適用の仕方の専門家であると考えている．

音声認識や音声対話のアルゴリズムなども，オープン・ソースで無料で使えるものが存在している．数万人の世界中の研究者が関わって開発されたものが，ネット上のライブラリで無料で使えるように載っているわけである．

AIベンチャーや大企業の人工知能部門は，独自のアルゴリズムを開発していくポジションであるが，人工知能の事業化を考えている企業は，いかに利用するかを考えることが重要である．技術は，いかに使うかが肝要である．

人工知能の活用を選択肢として，将来の事業展開を考えることが重要になっていることは自明であり，新規事業立ち上げにおいては，何かしら人工知能を活用し，より精緻に予測ができないか，その予測・分析に基づいて自動制御ができないかという視点で事業展開を考えていただきたい．

閉塞感のある状況からの脱却やIoTシステム開発の突破口があるであろう．人工知能をリサーチし，利用可能性を開拓することが，事業立ち上げの切り札になる．

第4章 IoTの事業化にあたってのポイント ～ニーズの強さと損益分岐を合わせる!

1.4.1 ▶ IoTのニーズは多いが，お金を払うほどか

　IoT市場は，大きく伸びることは確実である。IoTに絡まない企業は，このチャンスを生かせず，売上を増やせないこととなる。

　IoTは2015年にハイプ・サイクルの過度な期待のピーク期を越えて，2016年，やや幻滅期に入っている。関心が高まっているものの，ビジネスにできている企業は少ないと言えよう。IoTの収益化がこれからの課題である。

　IoTをビジネスとして成り立たせるには，どうしたらよいであろうか。

　IT企業は，IoTのシステム全体の開発を検討しているであろうし，パーツやモジュールをつくっている企業は，IoTのなかでどう生かせるかを検討しているであろう。そして製造業は，自社の工場の生産性向上にIoTを生かせないか考えているであろう。

　とはいえ，IoTで「こんなことができたらいい」というニーズは，たくさんある。

　しかし問題は「お金を払ってでも使いたいと強く思うか？」である。

　「無料だったら欲しい」というものでも，初期の開発費用や，固定費となる月々の利用料などが発生する場合，ユーザーが嫌がって買ってもらえないことが起きる。

　「データをいろいろとセンシングして，ためて分析して何かできたらいいですね」のようなことは多く聞く。

　対処法としては，顧客がお金を払ってでも行ってほしいと思うニーズを見つけ出すことに尽きる。お金を払ってでも使いたいと思うほどの強さかどう

か，ニーズの強さ，度合いが重要である。

顧客の声を聞くことは最も重要なことであり，顧客に「IoTとはこういうことですが，何ができたらいいですか」と聞いてみるとき，初期開発費用や月々の固定の利用料などを払ってでも行ってほしいと思っているかの確認が必要である。

顧客となる企業でも，経営会議などに提案し，予算を取るにあたって明確な強いメリットやニーズがないと，予算が付かない。さらに，その後の営業展開において，お金を払ってでも行ってほしいというニーズでないと，営業が進まない。

IoTのシステム開発でのポイントは，誰がお金を払うのかであり，お金を払うだけの価値を感じる利用用途の開拓をすることである。IoTはアライアンスの主戦場であり，前述したようなIoTを達成するための部分的な技術を持っていたとしても，売上にならない。技術を強いニーズと結び付けて，ビジネスにすることである。

後にも述べるが，ビジネスは，ユーザーのニーズをがっちりつかむことがまず重要となる。「ビジネスとは，お客さまや社会の困り事を解決して対価をもらうもの」と，冨田（2014）では述べている。

「自分たちの技術でこういうことができます」というプロダクト・アウト，技術オリエンテッドによる発想・提案では限界がある。

顧客の声を聞いているか，いつも自問することが求められる。

1.4.2 ▶ IoTの2つのパターン〜収益事業型と自己投資型

IoTにおいては，誰がおカネを払うのかがポイントになる。

その観点から，IoTは収益事業型と自己投資型の2パターンに分けられる（図9）。

自社が，①「新たな収益源の獲得」のためにIoTに取り組むのか，②「効率化・生産性の向上」のために情報投資として行うのか，である（その両方のために取り組むケースや，IoTを構成する"要素"を担う企業もある）。

とくに①の場合，顧客のニーズの強さがポイントであることは述べた。

①「新たな収益源の獲得」すなわち収益事業型は，新たな売上・利益のた

図9　資金の出し手から見たIoTの2つのパターン

```
●パターン1　収益事業型
　　新たな売上・利益のために，収益事業として取り組むケース
●パターン2　自己投資型
　　自社の製造・物流・管理などの業務効率の向上のために，
　　自社投資として取り組むケース
```

めに収益事業として取り組むケースである。IoTのシステムを組み立てて，あるいはIoT機能付きの製品をつくって，外部に販売して対価を受け取る。

②「効率化・生産性の向上」すなわち自己投資型は，自社の製造や物流，管理などの業務効率向上のため，自社投資として取り組むケースである。

製造や物流の現場の管理，あるいは建設会社であれば，現場の作業効率の向上のために投資として取り組む。いわゆる情報投資と同じように，自社のための自己投資となる。

自社が，どちらのパターンでIoTに取り組むのかをはっきりさせる必要がある。

もちろん，その両方や，自社向けに取り組んでから顧客に提供することもありうる。

1.4.3 ▶ IoTの収益化には，ニーズの強さと損益分岐を合わせる！

黒田（2016）では「IoTのキーは生産性」として，図10が掲載されている。

筆者もIoTのポイントは採算性であると考えているが，IoTはこれまでのようなコスト構造ではないと考える。図10は，これまでの自社開発での積み上げ型の開発のイメージである。今の時代は，オープン・ソースの発達・普及により，コスト構造が変わってきている。

図10では，時間の経過とともに，新しく生まれた技術に，応用分野としてアプリケーションの付加価値が追加されていき，それによりユーザーの価値が損益分岐ラインを越えたとき，ビジネスになることを示している。

経過年が横軸，ユーザーへの価値が縦軸で，あるアプリケーションのユーザー価値が経過年とともに徐々に高まって，ブレーク・イーブン・ライン（ブ

図10 従来の新技術によるアプリケーションの採算性

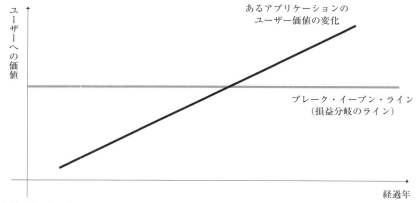

出所:黒田(2016)から引用。

レーク・イーブン・ポイントを並べたライン)で損益分岐を越えた時点でビジネスになることを説明しているが，これが当てはまるケースもあれば当てはまらないケースもある[20]。

　筆者はこの黒田氏のグラフをもとに変形させて，図11を作成した。この図11は本書において，最も重要な図である。

　筆者はIoTの収益構造，すなわち，IoTがビジネスとして成り立つかどうかのメカニズムは，図11に示すような仕組みに変わってきていると考えている。

　ユーザーへの価値とは，要はニーズの強さである。ニーズの度合いとも言える。

　ブレーク・イーブン・ラインとは，今，さまざまな通信コストが下がっており，右肩下がりになっている。格安SIMやさまざまなデバイスもどんどんコストが下がってきて，ブレーク・イーブン・ライン上を，損益分岐の点が下がってきている。

　そうなれば，顧客のニーズの強さ，ユーザー価値やメリットと言ってもよいが，それが多少低くなってきても損益分岐と合うこととなる。顧客のニーズの度合い，前述した「お金を払ってもいい」と思う度合い，それが損益分

20　オープン・ソースなどがなく，外部のものを組み合わせられず，新技術を一から自社で開発している時代には，あてはまることが多かったのではないかと思われる。

図11　損益分岐とニーズの強さの均衡によりビジネスとして成立

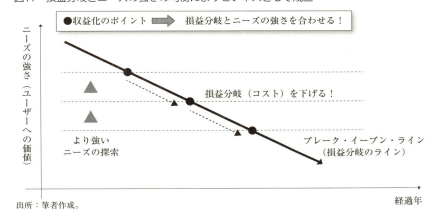

出所：筆者作成。

岐と合った時点でビジネスになる。

　損益分岐と合っていなかったら，もちろんビジネスにならない。

　損益分岐の点はブレーク・イーブン・ライン上を下がってきているとはいえ，さらに下がっていくとニーズの度合いがそこまで強くなくても，ビジネスとして成り立っていく。

　反対に，より強いニーズの探索も必要である。

　より強ければ，損益分岐の点が高いシステムであっても損益分岐が合うようになる。より強いニーズをつかむことが重要で，同時に損益分岐を下げていくことが必要となる。

　損益分岐を下げるために，アライアンスを活用して，外部企業と提携することが重要となる。ミクロ経済学の主要な考え方で，価格を安くしたほうが，需要と合って均衡しやすい状況となる。

　損益分岐（コストや提供する価格と考えてもよい）を下げるために，一から開発していたら時間がかかるうえに開発コストも膨らむことがある。

　アライアンスによって，一から開発をするのではなく，組み合わせることによって開発コストを下げ，損益分岐をさらに下げていくことが必要である。

　この右下がりの斜めの線は，損益分岐の点を足し合わせたブレーク・イーブン・ラインである。すでにIoTは実現しており，通信コストやデバイスなど

の値段が下がって,ブレーク・イーブン・ライン上をブレーク・イーブン・ポイントがどんどん下がっている。

　縦軸の横の線は,ニーズの強さである。上に行くほどニーズが強い。

　IoTは,このニーズの強さと,損益分岐[21]が均衡したとき,ビジネスになる。

　たとえば,顧客のニーズが低いところにある場合「できたらいいね」と思ってはいるが,お金を払ってまでは不要と考える。いくらなら払うという度合いが,IoTシステムやそのサービス,IoT機能付きの製品の価格と合うとビジネスになる。

　ブレーク・イーブン・ポイントが高いところにある場合,お金を払ってでも欲しいというニーズの強さがないと成り立たない。

　そうしてIoTがビジネスとして成り立たずに終わっている企画が多い。

　「より強いニーズを探索して見つければ,コストが高くなっても損益分岐が合ってビジネスとしてIoTは成立する」ということを十分踏まえてほしい。

　少なくとも損益分岐のラインよりも,より強い顧客ニーズをつかまないとIoTは商売にならない。技術的にこういうことができるなどと言っても,顧客にお金を払ってもらえないものであれば意味がない。

1.4.4 ▶ 損益分岐を下げるために組む！ ～アライアンスの活用

　できるだけ強いIoTへのニーズを探索しながら,他方で損益分岐を下げていくことがIoTを収益化し,ビジネスとして成り立たせるためのポイントとなるが,損益分岐を下げるために有益なのがアライアンスの活用である。

　一から開発していたら時間がかかるうえに開発コストが膨らむため,IoTの構築において必要な部分（技術や機器,通信,販売,組み立ての機能など）を有している企業とアライアンスをすることになる。ハードやソフト,人工知能,サービスなどをすべて1社で行う企業は存在するが,限られており,一般に1社だけで取り組むとコストが高くなる。

　必要な機能をすでに持っている企業とアライアンスをすることが戦略として有効である。

21　ここで言う損益分岐は厳密な会計学上の用語ではなく,IoTのプロダクトやサービス,システムの採算ラインのことを指す。

コラム1　新規事業の発案では，技術起点より顧客ニーズ起点が大切
　　　　　　〜ユーザー・ニーズをがっちりつかむ！

　顧客ニーズや競合他社についての調査の進め方は重要である。
　「リサーチのためのリサーチ」が大切になるケースも多い。
　『新規事業の発案では，技術起点よりも顧客ニーズ起点が大切〜ユーザー・ニーズをがっちり掴む！〜』
　冨田（2014）ご記載のとおり「ほとんどのビジネスに，ライバルは必ずいる。その競合のなかで，何らかの部分で，勝ちにいくのがビジネス」であり「他社がすでにやっているからダメということではなく，他社との比較のなかで，どう勝つか？」となる。

■テクノロジー・オリエンテッドとニーズ・オリエンテッド
　新規事業立ち上げにおいて，技術起点（テクノロジー・オリエンテッド）と，顧客ニーズ起点（ニーズ・オリエンテッド）のどちらが重要か。さらに，どちらが成功しやすいかというと，圧倒的に顧客ニーズ起点であると筆者は考える。
　たとえばメーカーにとって新規事業は新製品開発であるため，研究開発部門の人たちと新規事業立ち上げは切っても切り離せない関係にある。
　大手企業の中央研究所や研究開発部門では，すぐ役に立つ技術ではなく，10〜20年先を見据えて最先端技術を根本的に研究しなければならないという意見も聞かれる。
　しかし，新規事業立ち上げという観点で考えれば，開発した技術の事業化・収益化の成功確率は下がってしまう。顧客（ユーザー）からのニーズがあることに合わせて，技術開発や応用・事業化を進めたほうが，成功確率が高まる。

■ビジネスはお客様の困りごとを解決して対価をもらうもの
　「ビジネスは，お客様や社会の困りごとを解決して，その対価をもらうもの」と言える。そのため，顧客や社会（世の中）が困っていることを見つけることが大切となる。
　それを解決する製品やサービスを出せば，そもそもニーズがあるため，売上・利益に結びつきやすいのである。
　他方，「自分たちはこういう技術を持っているから」「こういう技術でこんなことができるので」とメーカー側の技術起点で発想して進めた場合，そうしたニーズが顧客や世の中にそれほどないと苦労して開発を進めても売上が伸びないことが多い。メーカー側からのプロダクト・アウトの進め方は，顧客への押しつけに

なりかねない。
　技術開発の新規事業に取り組むにあたっては，顧客のニーズをがっちりつかむことが重要である。事業化において市場調査[22]を行わない企業はないであろうが，そもそも事業の発想段階において顧客ニーズ起点で考えるスタンスが大切である。
　ユーザー目線で「ユーザーのニーズをがっちりつかむ！」ことである[23]。
　ニーズを探すには「1の後ろにnが広がる分野はないか」という視点が大切となる。
　企業によって，新規事業を既存の売上対比で，どのくらいの事業規模にするかというサイズの問題が出てくる。また，IoTの事業企画においても，損益分岐と均衡させるにあたっては，できるだけ多くのニーズを探すことが望ましい。
　新規事業において，ファースト・カスタマー（最初の顧客）をまず見つけないといけないが，次は，その1人（1社）の顧客の後ろに，どのくらい潜在顧客がいるかを考えることが必要である。
　そこで広がり感がないと，希望する事業規模にならない，あるいは採算が合わないことになる。
　1の後ろに，できるだけ多くのnが続いている分野を見つける。
　目の前にいるのは1人かもしれないが，その人（会社）と同じニーズを持っている人が，その後ろに広がっていないかを考えることが必要である。

　外部企業とアライアンスをし，IoTの事業構築をした場合，利益のシェアや費用の分担などの作業は発生するが，自前ですべてを行うよりは，スピードや成功確率のアップ，コスト削減という観点から，アライアンスの活用が有効となる。
　多くの場合，アライアンスを活用したほうがメリットがある。
　「オープン・イノベーション」の考え方を重視し，自前主義（クローズド・イノベーション）やNIH症候群（Not Invented Here Syndromeの略。自社内で発明されたもの以外は重用しない風潮や体質のこと）から脱却し，外部

---

[22] 顧客ニーズの調査においては，リサーチのためのリサーチを行うことが必要である。それをおざなりにすると，意思決定に必要な情報が出てこないことがある。これは，外部の市場調査会社を利用するとき，重要なポイントとなる。
[23] これらについては，ティーシーコンサルティングの2015年11月号のニューズレター『新規事業の発案では，技術起点よりも顧客ニーズ起点が大切！～ユーザー・ニーズをがっちり掴む！～』に詳細を掲載している。URLは，以下のとおりである。
http://www.tcconsulting.co.jp/wp-content/uploads/TC_News_Letter_201511.pdf

から「知」や経営資源，機能を獲得していくスタンスが大切となろう．

1.4.5 ▶ 技術を組み合わせて，いかに使うかがポイント

　IoTは，技術的にはすでに実現されており，IoTのための技術を持つ企業も多い．

　もっと開発しよう（＝「知の深化」exploitation）ではなく，外部企業に今ある技術を今の時代に合わせ，いかにうまく使うかが重要であると筆者は考える．

　そのとき，いかに組み合わせるかが大切となる．組み合わせがキーワードとなる．すでにあるものの組み合わせにより，速い開発が可能となる．

　IoTのための技術はすでに持っているが，技術をうまく使えない企業が多い状況にある．

　複数の企業が持つ技術や機能を組み合わせることにより，速い開発や売上獲得が可能になった事例として，筆者の2015年7月のセミナーにゲストとして来ていただいた，スマートロック・デバイスを開発するIoTベンチャーのQrio株式会社（ソニーが40％出資，残りは投資ファンド・WiL）がある．

　Qrioは既存技術を組み合わせることにより，2014年12月に創業して約1年で製品開発の完了や販売実施，売上獲得に成功している．クラウドファンディングだけで1500台の予約受付をし，2015年8月に出荷した．現在はAmazonで製品を販売している．

　他社の技術や機能を組み合わせるときは，パーツよりもできるだけ大きな単位へと考えることが重要である．

　新規事業展開や新製品開発を行うメーカーにとって，「パーツ＜モジュール＜エンド製品・システム＜サービス・事業」という考え方が非常に重要である（＜の順はより重要度や利益率が高い）．

　利益を挟み込めるように，できるだけエンド製品に近い形にすることである．パーツだけの状態だと，1個いくらの戦いとなり，利益がなかなか取れない．

　しかし大きな単位にしていくと利益を挟み込め，収益を多く取りやすくな

る。要素技術だけではなかなか儲からないものである。ビジネスの視点を盛り込む必要がある。

1.4.6 ▶ オープン・ソース・ハードウェアの利用とプラットフォームの共有

　IoTをビジネスとして成り立たせるためには，ニーズの強さと損益分岐を均衡させることであることは，すでに述べた。強いニーズを探せればいいが，簡単ではないため，損益分岐，すなわちコストをできるだけ下げることが必要である。IoTのシステムのコストをより下げるために寄与する事項について，ここで述べておきたい。

(1) オープン・ソース・ハードウェア ～Raspberry Pi など

　本書では，オープン・ソースのことをたびたび取り上げているが，ハードウェアにおいても，回路が公開されているオープン・ソース・ハードウェアがある。

　オープン・ソース・ハードウェアには，ハード部分の電子回路などがオープンになっているという面と，その操作・制御がオープン・ソース・ソフトウェアで行われるという面の2つの意味がある。

　代表例として，イギリスの教育財団が開発・発売しているラズベリーパイ（Raspberry Pi）[24]がある。世界ですでに数百万個が販売され，教育用だけでなく産業分野において試作品や実用製品に利用されている。スマホに近い性能のあるRaspberry Pi 3が約5000円で，日本の代理店から購入できる。ラズベリーパイは，わずか5ドル（約4.8ユーロ）のパイゼロ（Pizero）も発売されており，ネット上でイギリスから直接購入できる。1コインの開発ボードであるが，非常に拡張性が高く品質もいい。

　しかし日本のエンジニアたちからは，信憑性が心配だなどという声が聞か

---

[24] Raspberry Piのなかに，エルピーダ・メモリのICチップが入っている。しかし，もともと日本企業であったエルピーダ・メモリは破たんしている。その理由は，回路などをクローズドにし，オープンにしなかったためである。米国の企業に買収されて，その後ソースを開発し，回路のソースや，アプリケーションにつなぐときのソフトウェアのソースも全部オープン・ソースにした。その結果，Raspberry Pi財団が採用し，800万個売れて，時価総額が大きくなっている。

図12　オープン・ソース・ハードウェア

Raspberry Pi 3

左からRaspberry Pizero（$5），CHIP（$9），NanoPi-NEO（$7.99）

出所：Takefuji（2016）およびRaspberry PiのWebサイトから引用。

れ，オープン・ソースに対して毛嫌いが強過ぎる印象が筆者にはある。すでにMac OSやiPhoneのiOS，Androidなど，すべてオープン・ソースになっており，ソースは公開の時代である。

　クローズドにして抱え込むより，オープンにして皆で共有することが大切である。共有できるオープン・ソース・ハードウェアは，コスト低減や開発スピードのアップの面から，できる限り活用するという感覚が重要である。

　繰り返しになるが，ニーズの強さに対して損益分岐が合わないと，IoTがビジネスとして成り立たないからである。IoTの収益化において，オープン・ソース・ハードウェアの活用が1つのポイントとなる。

　ちなみにフィンテックのビットコインの基礎技術であるブロックチェーンもオープン・ソースとなっており，ネット上のライブラリに載っている。URLは次のとおりである。

表2　ビットコインのブロックチェーンもオープン・ソース

URL
https://github.com/blockchain
https://github.com/openblockchain
https://github.com/IBM-Blockchain
https://github.com/blockchain/My-Wallet
https://github.com/IBM-Blockchain/marbles
https://github.com/blockchain/api-v1- s client-ruby
https://github.com/openblockchain/obc-peer
https://blockchain.info/api/create_walleti

(2) LPWA（ロー・パワー・ワイド・エリア）～Sigfoxなど

　インターネット回線には，送信のアップリンクと受信のダウンリンクがある。

　IoTにおいては，どちらかだけでよいことがある。どちらかというと，アップリンクだけでデータを収集したいことが多い。

　しかも，大量の大きなデータではなく，小さなデータ量であることが多い。

　コストを下げてIoTをビジネスとして成り立たせるために，新方式の通信であるLPWA（Low Power Wide Area）が有益である。

　バッテリー消費量が少なく，1つの基地局で広範なエリアをカバーできる通信技術で，価格の安さがポイントである。格安SIMなどより，はるかに安いコストとなる。

　LPWAで代表的なものは，フランスのSigfoxである。アップリンクかダウンリンクのどちらかだけで，1回の送受信は12バイトまでで1日140メッセージまでとなる。約15分に1回のアップリンク（送信）が基本である。Ultra Narrow Bandであり，契約によっては年間1ドルというケースもある。

　フランスやベルギー，スペインなどで普及しており，メインは水道スマートメーターとして，フランスで400万個以上が使われている。水道をどれだけ使ったか人が検針に行くのでなく，非接触型の流量計でセンシングをして，Sigfoxの通信回線を通じてIoTで，水道使用量の検針が実用化されている。漏水などについても対応している。

　Sigfoxの日本で最初の基地局は，慶應義塾大学湘南藤沢キャンパスの研究室棟の屋上にある。筆者の博士号の指導教授の武藤佳恭先生が1992年に米国の大学から戻ってこられて，同じ場所で日本で初めてWi-Fiの実験を行った（旧郵政省がそれによりWi-Fiへの規制を作成）。日本では京セラコミュニケーションシステムズが事業展開を行い，KDDIが販売をするとの新聞報道がすでになされている（2016年11月29日の日経新聞・朝刊）。

　IoTでデータを取るとき，そんなには動画や画像を送り続けないことが多く，少ないデータ量の送信で十分なときがある。

　IoTにおいて，0.5秒や1秒ごとなどでデータを取ることも産業機械の制御などにおいて行われるものの，一般に1日1回や2回で十分なケースが多い。

また，データ量は画像などでなく温度や湿度などのデータは12バイトに収まる。

　IoTでは，そうしたデジタル数字だけをアップリンクで送信することが多く，LPWAで十分であることも多い。

　LPWAにはフランスのSigfoxのほか，米国のSemtechが開発したIoT通信技術LoRaの普及促進団体（2015年3月発足）のLoRa Allianceや，同じくプライベート・ネットワーク向け技術からIoT向け通信サービスを提供している，米国のIngenuがある。[25]

　そのほか，日本において，ある大手の携帯電話の販売会社は，ユニークなサービスを提供し始めている。同社は，スマホやポケットWi-fiを多く販売しているが，同社のユーザーはネットを見たり，動画をダウンロードしたりするダウンリンクを利用することが相対的に多いため，同じ帯域の逆のアップリンクを割安な通信サービスとして，別のIoTの事業（たとえばドライブ・レコーダーのクラウド型サービスなど）に転用しようとしている。

　帯域ビジネスとして，ドライブ・レコーダーや自動販売機，駐車場，エレベーターなどの管理・監視に用いることができそうである。

　こうした格安な通信方式を用いることで，IoTの損益分岐を下げることができる。

(3) IoTのプラットフォームの共通利用

　IoTを実現するためのベースの部分＝プラットフォームは，それぞれが構築する必要はなく，汎用的なプラットフォームを共有するという考え方が大切である。

　IoTを実現させるために必要な要素には，多くの共通なものがあるため，各社が一からそれらを整える必要はなく，IoTプラットフォームの共有化がコスト削減のポイントの1つになる。

　NTTコミュニケーションズは，ドイツのSAPのHanaというIoTのプラットフォームの販売代理を始めている。前述したドイツの大型コンプレッサー

25　詳しくは，日経コミュニケーション編（2016）を参照のこと。

の会社Kaiserは，ITの部分はSAPのIoTプラットフォームを利用している。

IoTのプラットフォーム競争戦略については，加藤（2016）や根来・浜屋（2016）で解説されているので，詳しく学びたい読者は参照されたい。

2016年12月8日の日刊工業新聞によると，ドイツのSAPと米国のGEが産業用IoTで提携を強化し，プラットフォームの「標準」をねらうとの報道がされている。

要旨は，GEの産業用基本ソフト（OS）「プレディックス」と，SAPのアプリケーション開発・実行基盤提供サービス「HANA（ハナ）クラウドプラットフォーム」の連携を強化し，米独の2大ベンダーは関係を強固にし，産業用IoTで使うプラットフォームのデファクトスタンダード（事実上の標準）をねらうとみられるとのことである。

GEは傘下のGEデジタルがIoT分野を担う。SAP，GEはともに産業用IoTの標準化団体「インダストリアル・インターネット・コンソーシアム（IIC）」の主要メンバーで，SAPはドイツの産業政策「インダストリー4.0」の中核企業でもある。

直近では東芝と米国デルテクノロジーズが共同で，ディープ・ラーニング（深層学習）を活用した工場用設備を提案するなどしており，産業用IoTのプラットフォーム開発をめぐる動きは2017年も国内外で活発化しそうだとの報道である。

この流れはプラットフォームを共有化し，そうしたアライアンスによってIoTのコストを下げていこうという動きであると理解できる。

1.4.7 ▶ 技術開発競争だけでなく，ビジネス面で工夫する！

ティーシーコンサルティングのニューズレター2015年9月号に掲載した『新規事業立ち上げにおける2つのイノベーション』についても，ここで紹介しておこう。

新規事業には，何らかのイノベーションが必要である。

イノベーションには，大きく分けて2つある。

1つが，技術面でのイノベーションである。テクノロジーの面で新しい利便性や高性能性などを盛り込むことによる新規事業（新製品・新サービス）

である。

　メーカーの新製品開発は，何らかの技術革新によるものがメインとなる。

　新製品開発でなくとも，たとえば英語学習サイトのEnglish CentralというGoogleのベンチャーキャピタルが投資している会社のサービスがあるが，これには非常に優れた音声認識の技術が盛り込まれている。そこが，このサービスの競争優位性となっている。

　つまり，技術のイノベーションによる新規事業である。

　もう1つは事業アイディア（仕組み）によるイノベーションである。

　たとえば株式会社クレディセゾンは，クレジットカードのポイントが永久になくならない「永久不滅ポイント」という事業アイディアを打ち出して会員2700万人，取扱高6兆円の東証1部上場企業に成長した。

　ポイント提供を行う企業は，一般に換金に備えて会計上，積み立てをする必要があり，一定期間を過ぎるとその積立金に対しても課税がなされるため，それを回避するために一定期間でポイントが消滅する仕組みにしている。

　同社はその常識を打ち破って永久不滅にするという，事業の仕組み面でのイノベーションを生み出した。

　Amazonがスタートした動画配信サービスが，競合他社が月次料金で単発であるのに対し，年額で翌日配送サービスに組み込まれた形にした事例も，料金の体系を変える形の事業アイディアのイノベーションと言えよう。

　新規事業を立ち上げる際は，このどちらかのイノベーションを生み出す，もしくは盛り込むことができないかを検討してみることが必要である。

　とくにIoTの事業構築においては，IoTが製品のサービス化であると言われるように，技術面ではなくビジネス面での工夫に力を入れることが重要である。

第5章 オープン・イノベーションとアライアンス活用で収益化

1.5.1 ▶ IoTを加速させるためのオープン・イノベーション

　今では一般的になったオープン・イノベーションは，2003年にハーバード・ビジネス・スクールの准教授だったヘンリー・チェスブロウ（現在はUCバークレーの非常勤教授）が著書『Open Innovation』のなかで最初に提唱した言葉である。

　自前主義で，自社内での研究開発で生み出されたものだけを経営資源として利用するのでなく，外部企業が生み出した技術などを取り込んで利用していく考え方である（参考文献：Chesbrough, 2003。邦訳2004）。

　対照となるのがクローズド・イノベーション（自前主義）であり，新製品開発や事業展開を自社の内部で生み出すものだけに頼る方法である。

　もともと日本企業は自前主義が強く，NIH症候群（Not Invented Here Syndrome，自社で開発したもの以外は価値がないという考え方）としても指摘されている。

　IoTにおいては自前主義やNIH症候群から脱却し，外部と組むアライアンスが大切である。ここで，IoTの収益化におけるアライアンスと関係性が深いオープン・イノベーションについて解説しておきたい。

　1世紀前に，経済学者のシュンペーターは，イノベーションの源泉は「既存の知と，別の既存の知の，新しい組み合わせ」（New Combination，新結合）と言っているが，新しく知を組み合わせるにあたり，それを自分たちで生み出すか，外部から取り入れていくか，どちらかということになる。

　IoTの収益化にあたっての外部とのかかわりや，第2部で述べる筆者のア

ライアンスの数理モデルの有用性は，アライアンスの文脈だけでなく，オープン・イノベーションの文脈でも捉えることができる。

オープン・イノベーションは，組み合わせをするために知の探索を外部に対して行い，新しいものを生み出していく。

自前主義から脱却しようという動きは，今日の日本企業において，とても多い。

しかし，実際にオープン・イノベーションが実行に移されているかというと，なかなか進んでいない企業が多い。

日本企業は，アライアンスが苦手であるとの指摘がある。たしかに日本企業には自前主義が強い[26]。それには新卒一括採用や年功序列，終身雇用，長期取引関係といった日本型経営システム[27]が影響しているであろう。

第2部で提案・解説するアライアンスの数理モデルは，企業間アライアンスにおいて，どういう企業とどういう企業がマッチングしやすいかの指標を示すものでもあり，ひいてはオープン・イノベーションを促進するものでもある。

1.5.2 ▶「知の探索」と「知の深化」～コンピテンシー・トラップの回避

イノベーションを生み出すためには，自社の既存の領域にとどまらず，知識の範囲を広げる「知の探索」（Exploration）と，一定の分野で知を継続して深める「知の深化」（Exploitation）の2つが必要である[28]。

これは，スタンフォード大学のジェームズ・マーチの1991年の有名な論文March（1991）で主張されて以来，定番の考え方となっている。企業が中長期的にイノベーションを生み出していくためには「知の探索」と「知の深化」のバランス，すなわちAmbidexterity（両利き）が重要である。

イノベーションに長けた企業ほど，2つを両立していることが研究成果と

---

26 Hamel and Prahalad（1989）では，1970年代，日本企業は技術獲得を主たる目的として，米国企業や欧州企業と積極的にアライアンスを行い，成果をあげたことが述べられている。
27 日本型経営システムについては，吉田（1993）を参照のこと。
28 入山（2015）を参考にした。詳しくは同書を参照のこと。

図13 コンピテンシー・トラップ

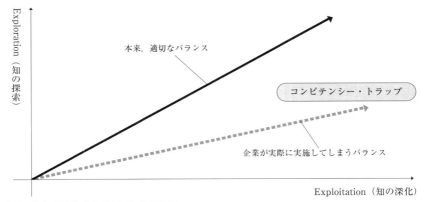

出所：入山（2015）を参考にして，筆者作成。

して発表されている。Katila and Ahuja（2002）によれば，世界のロボット企業124社の特許データから各企業を計測し，「知の探索」と「知の深化」を同時に実現している企業ほどイノベーティブな製品を生み出しやすいとしている。

「知の探索」と「知の深化」のバランスにおいて，企業組織は「知の深化」に偏り，「知の探索」を怠りがちであることが上記の研究などにおいて指摘されている。

企業は短期的に成果の出やすい「知の深化」に偏ってしまい，すぐに成果が出ない不確かな「知の探索」を怠ってしまいがちである。

つまり，業績が今あがっている分野の「知の深化」は自分たちが知っている領域であるため，効率がよいのだが，他方で「知の探索」は，手間やコストがかかるわりに収益に結び付くかが不確実であるため敬遠されがちとなる。

「知の深化」への偏重は，短期的には効率性がよいものの，そこにとどまっていると結果として知の範囲が狭まり，企業の中長期的なイノベーションが停滞する。

これは「コンピテンシー・トラップ」と呼ばれる。

「知の探索」に力を入れながら，アライアンスの活用で外部企業と連携し，「知の範囲」を拡大することが必要である。それにより，スピードアップや成

功確率のアップ，コスト低減ができる。

　図13で，最適な「知の探索」と「知の深化」のバランスが実線であり，どうしても「知の探索」より「知の深化」に偏ってしまうため，点線のところまで角度が低くなってしまいがちである。

　これは，かつてハーバード・ビジネス・スクールのクレイトン・クリステンセン教授が主張した「イノベーションのジレンマ」（大企業は既存の製品や顧客を持っているがゆえに，破壊的なイノベーションを生み出しにくい）の現象の原因でもあると言える。

1.5.3 ▶ アライアンスによる自社の「知の範囲」の拡大

　たとえば，図14を見てみよう。自社でできる範囲は，この点線のところとなり，それを「知の探索」によって広げていくことが必要である[29]。それは「コンピテンシー・トラップ」の項で説明したとおりである。

　しかし，自前で「知の範囲」を拡大していくには時間やコストがかかり，困難が多い。

図14　アライアンスによる「知の範囲」の拡大

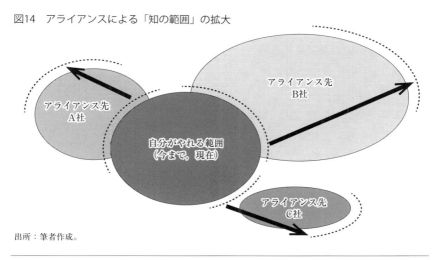

出所：筆者作成。

29　ただし，各企業の最適な「知の範囲」を指し示すことは，経営学的には，いまだ可能になっていない。入口（2015）を参照のこと。

たとえばA社と組んだ場合，自社が行う知の範囲はA社と取り組んでいる部分が多少重なっていたとしても，A社が取り扱っている「知の範囲」のところまで，一気に拡大することができる。そういう面で，アライアンスは有用である。

　点線が，自社が担う事業および技術の範囲だとする。今までと現在の範囲の境界線が，点線だとする。A社と組んだとしたら，事業範囲が多少重複していたとしても，自分たちが行っていない事業でA社にできる事業があれば，境界線が点線のところまで広がる。自分たちができる対応の範囲が広がる。

　たとえばB社とアライアンスをした場合，B社とも少し重なっている部分があるが，B社は広範な領域の技術やノウハウを持っているとすると，組むことによってB社がすでに取り扱っている範囲まで大きく「知の範囲」を広げることができる。

　あるいはC社と組めば，重なっている事業がもともとないので「知の範囲」の境界線がまた広がることになる。

　アライアンスによって，範囲を広げられることになる。

　アライアンスは知の範囲を広げることにおいても有効である。

　次に，もう少し具体的な事例で見てみよう。

　金属製の橋梁(きょうりょう)の製造会社を事例に，説明しよう。

　実際のIoTの案件であるため，筆者には守秘義務があり，図15は簡略化したものである。

　金属製の小型の橋梁（山間部などで人が通る程度の規模のものや歩道橋など）がどのくらいで修繕するか，どのくらいで建て直すかといったことを，人が監視・管理するには，限界がある。そのため，いくつかのデータをセンシングして，修繕のタイミングの予測ができないかというニーズがある。

　全国の多くの自治体は高度経済成長期に整備した多くの歩道橋を保有しており，財政難のなかで管理しきれないという課題があり，そこに顧客ニーズがある。

　1つの自治体でなく，その後ろに同様の多くの自治体が困っている。

　1の後ろにnが多い形になっており，ビジネスチャンスがある。

図15　金属製の橋梁のIoTの事業構築におけるアライアンス活用

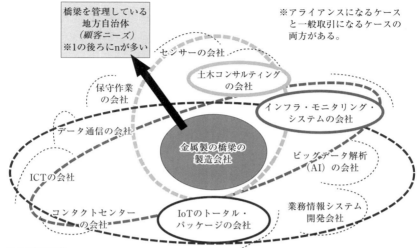

出所：筆者作成。

　橋梁を製造しているその企業だけでは，すぐにIoTのサービスを構築できず，たとえばインフラモニタリングのシステムをすでに構築している企業と組むことによって，一から開発するのでなく，すでにあるものを応用させて，センシングのところだけを変化させることができ，早期にIoTのサービスを実現できるようになる。

　そのほか，データをどうセンシングするかについても，現場の把握についてノウハウを持っている土木コンサルティング会社と提携すると，それが解決する。

　一からノウハウを積んでいかなくても，自分たちが今まで行っていなかったメンテナンスの分野に事業領域を広げていくことができる。

　ICTやネット接続などクラウドの企業も，データ通信やコンタクトセンターとそれぞれ個別に組んでいくことができるし，ある程度，まとめて行っている企業と組めば，1つ1つ組む必要がないかもしれない。

　集めたビッグデータを人工知能で解析できる会社や，IoTサービス全体の

業務システムをつくるにあたって受託開発の企業とアライアンスの形で組むか、もしくは一般取引で依頼することができる。個別にIoTデバイスの企業や、ICTの企業とやりとりしなくても、その企業と組むだけで一気にできるようになる。IoTのプラットフォームを提供している会社と組めば、より広範囲な領域を一気にカバーできることになる[30]。

　アライアンスによるIoT事業の構築においても、後述するように、取引コスト理論によってはアライアンスになる場合と、一般的な市場取引になる場合と、内部化して自前で行う場合の3つに分かれる。アライアンスが最も適している場合に、アライアンスを選択することになる。

　IoTのサービスを展開していく場合、その都度、依頼先を選定して一般的な市場取引で行う場合もあるであろうが、それでは毎回、作業が煩雑で取引コストもかかるので「この部分ではこの会社と組む」というアライアンスをしておくと、スピードアップやコスト削減、成功率向上につながる。

　IoTにおいてもアライアンスを行うことで、スピードアップし、リスクをシェアリングすることができる。第2部で述べる筆者のアライアンスの相互補完モデルが利用できる。

　アライアンスによる事業構築の有効性については、図16も改めて紹介しておこう。

　冨田（2014）が解説したように、事業構築には必要な要素がある。それらを揃えていくことが求められ、足りないものを補い、ズレたものを矯正し、"要素"を整えていくことが必要となる。

　企業が1社だけでできることは限られている。とくに中小企業は、経営資源が限られている。自社の強みを提供し、弱みを補完するアライアンスの活用が大切となり、いかに外部と組むか、外部を活用するかが、IoTを含めた新規事業構築のポイントになる。

　アライアンスはツールであることも踏まえておく必要がある。アライアンスがあって何かをするのではなく、経営戦略や新規事業立ち上げ、売上拡大などを推進するためのツールである。M&Aと同様に、何かやろうとするこ

30　IoTのパッケージを提供する企業は今後有望であると筆者は考えている。

図16　事業に必要な要素とアライアンス

出所：冨田（2014）をもとに筆者作成。

とを実行するためのツールなのである。

1.5.4 ▶ アライアンスとは何か？〜契約や資本関係の有無

　アライアンスの定義は，第２部でも述べるが「複数の企業が独立したままの状態で，新規事業構築や既存事業の拡大のために各企業が持つ経営資源を提供し合って相互補完し，契約の締結や資本関係の有無に関わらず継続的な協力を行って，その成果を分け合うこと」と筆者は定義づける。

　つまり，契約の有無（期限の有無）は関係なく，どちらもアライアンスに含まれ，また資本関係の有無は関係なく，どちらも含まれる。ただし①双方が独立していること，②継続的で，③双方が成果を享受する，ということがアライアンスの定義である。

　定義では「複数の企業が独立したままの状態で」となるため，合併・買収・経営統合をしたら，それはもうアライアンスではない。

　米国ではアライアンスの多くのケースにおいて，契約書を締結する。同様に，アライアンスの期限を決めることが多く，実務的にそれが必要との認識がある。

　しかし日本企業同士で，つまり日本人同士で，何かを一緒に行おうというとき，最初から１年や２年限りといった期限の設定は好まれないことがあり，紳士協定的な簡単な覚書や資金の授受がある部分だけの契約になることが多く，アライアンス契約書を締結しないケースも多い。[31]

---

[31] 技術開発においてのアライアンスの場合，当然ながら，どこまで技術をやりとりするか，ライセンシングなどと，契約を締結するケースが多いであろう。

とくに中小企業同士の場合，形式ばったことを避け，契約書を明確に締結しないケースが多いように思われる。

資本関係はあってもなくてもいいが，あるほうが関係性は固定的になる。ジョイント・ベンチャー（合弁会社，JV）をつくるとか，相互に株を持ち合うなどした場合，関係はすぐ解消できないためである。

たとえば学研ホールディングスと河合楽器製作所は，事業展開において業務提携し，その後，株式の持ち合いをして資本業務提携の形にしている。

契約のない状態から業務を提携し，提携契約書を交わした状態にすすめば関係は一段深くなり，その反面，固定的になる流れを理解しておいてほしい。

Ernst and Bamford（2005）によれば，アライアンスは，大半が失敗するし，いつかは解消する事態を考えなければならないが，フォルクスワーゲンとスズキの関係のように，資本を持ち合っているとすぐに解消できないことになる。

ただし，株主の立場であれば情報の共有は行いやすい。

たとえば，パナソニックとダイキン工業は，空調分野でアライアンスをして解消したことがあるが，生産や販売のための子会社などを，どちらかが100％の株式を買い取る形で吸収し，アライアンスのためのJVを処理している。

筆者の定義によると，契約や資本関係はあってもなくてもよいが，それらによってアライアンスの関係性の強さや固定度合いが変わってくる。

1.5.5 ▶ アライアンスの基礎理論～資源ベース理論と取引コスト理論

(1) アライアンスの基礎理論①「資源ベース理論」（Resource based View, RBV）

アライアンスの基礎理論については，第2部の先行研究のレビューのところで述べるが，実務的に必要な部分に限って，第1部でもイントロダクションとして述べる。

基礎理論はいくつかあるが，最も代表的なものが資源ベース理論である。現代の経営学では，資源ベース理論が最も主要な理論と言えよう。これは，ジェイ・バーニーが出した論文Barney（1991）がスタートになっている。

企業の競争優位は，マイケル・ポーターが言ったような，外部とのポジショニングによって決まるのでなく，企業内部の経営資源に依存すると考える

図17　資源ベース理論に基づくアライアンスのイメージ

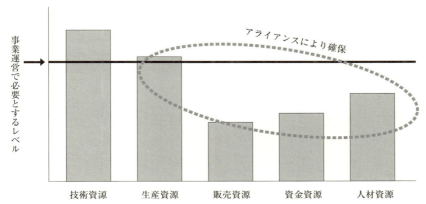

出所：安田（2010, 2016）を参考にして筆者作成。

のが資源ベース理論である。つまり，企業は経営資源の集合体と考えるのである。

詳しい先行研究のサーベイは第2部に譲るが，Yasuda（2003）や安田（2006, 2010, 2016）では，経営資源は技術資源や生産資源，販売資源，人材資源，資金資源の5つであり「アライアンスは経営資源の交換である」とまとめられている。

図17のように，5つの経営資源のなかで，事業運営に必要なレベルに達していない不足した経営資源を外部とのアライアンスによって補うと考えるのである。

第2部で述べる筆者のアライアンスの数理モデルの研究は，この資源ベース理論を基本的に踏襲している。

(2) アライアンスの基礎理論②「取引コスト理論」(Transaction Cost Theory)

アライアンスの基礎理論には，ほかにゲーム理論など，いくつかあるが，もう1つ代表的なものが取引コスト理論である。これは企業が，どういうときにアライアンスを行うか，取引にかかわるコストから説明している理論であ

る。

　取引コスト理論は経済学だけでなく，経営学においても一般的な理論となっており，アライアンス研究にも取り入れられている。

　企業は，何か取引をするとき，相手の企業が適切かどうか審査したり，探索や交渉をしたり，契約を締結したりするコストがかかる。そうしたコストを取引コストと呼ぶ。

　市場取引だけを行うと，取引コストが増大する。

　取引した企業をデューデリジェンス（査定）したり，与信を判断したりするだけでなく，依頼をした後にオポチュニスティック（機会主義的）な行動をとらないか監視（モニタリング）するにも，コストがかかる。それが取引コスト[32]である。

　それに対して，内部コストが低いときは，企業は作業を内製化する。

　市場取引をするのは，取引コストのほうが低いときである。

　生産拠点や販売拠点，営業部隊，審査部門，開発部門など多くを自社内で内製化するには，内部コストがかかる。設備投資や採用・人件費，運営費などもかかるのである。

　取引コストが大きい場合，企業は市場取引ではなく企業内部の活動として取り込み，内製する。繰り返しになるが，社内で生産する場合，製品開発や工場投資，オペレーター育成，生産管理などの内部コストが発生する。

　外部企業と市場取引をするより，アライアンスをしたほうがコストが低い場合にアライアンスが行われ，さらに進むと内製化されるのである。

　企業がアライアンスを行うのは，取引コストと内部コストの中間のときである。

　図18で言えば，取引コストと内部コストを足し合わせた曲線が一番低くなっているときにアライアンスを行うこととなる。取引コストと内部コストを比較し，その中間に位置するところがアライアンスとしての最適点になるという考え方である。

32　取引コストには機会主義などによって発生する無駄や予期せぬ事態（コンティンジェンシー）への備え，詳細な契約書作成，モニタリングなどがある。取引対象の資産特殊性や取引の環境不確実性が高いほど，取引頻度が多いほど，取引コストは大きくなる。

図18　取引コスト理論によるアライアンスの考え方

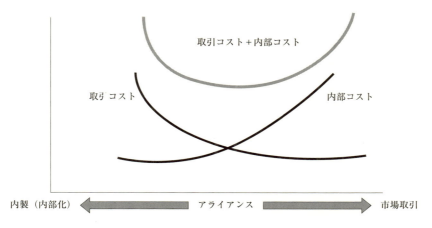

出所：安田（2010，2016）を参考にして，筆者作成。

　取引コスト理論では，完全に毎回の取引関係として取引を行うよりは，一定の関係性を持って，あたかも内部であるかのように提携先を持っていたほうがよいという判断ができて，かつ，生産設備や販売体制など多くを自前で揃えるよりは，外部と組んで事業を行ったほうがよいと判断できるときにアライアンスをすると考える。

　この理論はミクロ経済学の応用である。

　その都度相手先を一般取引で選定するのでなく，こうした業務についてはアライアンスをしているこの企業と行うという形である。

　たとえば大手メーカーなどによく見られるが，アライアンス先企業に資本を入れていき，最終的に買収する。それはアライアンスではなくM&Aであって，内製化となる。

　前述したように，アライアンスは「複数の企業が独立したままの状態」が定義であり，経営統合や買収，内部化されるとアライアンスではなくなる。これは，第2部に掲載した図2のYoshino and Rangan（1995）を基にしたアライアンスの類型の図で示している。

1.5.6 ▶ IoTに関するアライアンス事例の紹介
(新聞報道のまとめ)

　IoTの事業化におけるアライアンスの重要性を裏付けるように，ここ数年の新聞報道を取りまとめてみると，とくにこの1～2年で，IoTに関して企業間のアライアンスが増加していることがわかる。

　また，人工知能の活用においてもアライアンスの動きが広がっている。

　これは，IoTや人工知能の分野においては，アライアンス（オープン・イノベーションと言ってもよい）の活用がなければ進まないという実情を反映している。

　筆者が，日頃から行っている新聞スクラップ（Evernoteに蓄積してきたもの）を表にまとめたので，参考までに次ページに掲載しておく（表3）。

表3 IoT分野でのアライアンスの事例（日経新聞および日刊工業新聞・2016年1～12月）

日付	新聞	概要
2016/1/29	日経新聞	ソフトバンク，都市交通のビッグデータ解析の米ベンチャー・アーバンエンジンズと提携。ソフトバンクは昨年，有望な技術を持つベンチャーを世界中から公募し，共同での商用化を進める取り組みを実施。アーバン社はそのなかの提携第1弾となる。今後も公募による提携企業探しを加速する考え。
2016/3/22	日経新聞	産業IoT，独米団体が連携，「囲い込み」より広がり重視。ドイツの「インダストリー4.0（I4.0）」と米国の「インダストリアル・インターネット」。2つの推進団体が手を組むことになった。規格の標準化に向けて協力。IoTの場合は顧客や協力企業など「生態系」の広がりや多様性が重要になる。
2016/3/23	日経新聞	大手自動車メーカーや大手部品メーカー，系列を超え技術研究。自動運転などの新技術には巨額の費用と人材の確保が課題となっているため，系列にとらわれず手を組む必要が出てきた。
2016/4/05	日刊工業	パナソニックが内外連携。AIやIoTなど4つの先端研究テーマでオープン・イノベーションを促進。社内外の連携を促す新拠点「パナソニックラボラトリー東京」（PLT）を東京都江東区に設置。研究者が自由に話し合う場とし，若手人材の確保・育成にも乗り出す。AIなど先端分野ではトヨタ自動車も研究所を米シリコンバレーに設置するなど社内外の資産を活用した研究が進んでいる。
2016/4/20	日刊工業	米ゼネラル・エレクトリック（GE）は，産業向けモノのインターネット（IoT）で陣営づくりを加速する。IoT基本ソフト（OS）「Predix（プレディックス）」の普及拡大を図るため戦略的提携先を2倍強の50社まで早期に増やす。そのうち5～10社を日本企業にする計画。GEはプレディックスの普及拡大に向けた提携施策「グローバル・アライアンス・プログラム」。
2016/5/25	日経新聞	グーグルは，自動運転の技術開発センターを中西部ミシガン州デトロイト郊外に新設。欧州自動車大手フィアット・クライスラー・オートモービルズ（FCA）との自動運転分野の提携を加速する。グーグルの自動運転技術を適用する試験。
2016/6/08	日刊工業	クボタとNTT，NTTコミュニケーションズは7日，クボタの農業関連や水・環境関連の両分野で包括提携。情報通信技術（ICT）を活用したソリューションの創出により，農業の競争力強化や水・環境インフラの故障予防につながるサービスの開発を目指す。
2016/6/17	日刊工業	ファナックが，新たなIoT構想を打ち出した。プリファード・ネットワークス（PFN），米シスコシステムズ，米ロックウェル・オートメーションと組み，IoTでロボットなど工場自動化（FA）機器をさらに進化させる計画。
2016/6/30	日経新聞	ドコモ，自動運転参入，DeNAと提携，5G技術活用へ。NTTドコモは自動運転技術の開発に乗り出す。次世代の高速通信技術の開発で先行する強みを生かし，即座に膨大な情報をやり取りする路車間（道路と車の間）通信や車車間（車同士の間）通信の精度を高める。DeNAと提携し，まず路線バスでの実用化を狙った実証試験を年内にも始める。確立した技術を自動車メーカーなどに売り込む。
2016/7/01	日経新聞	日立製作所は，三菱電機やインテルと組んで，あらゆるモノがネットにつながる「IoT」の製造業向けシステムを開発する。工場の機械にセンサを取り付けて稼働状況などを収集し，企業の業務システムを連携させる。
2016/7/29	日刊工業	東芝，音声・映像認識ソフトでIoT基盤高度化－第1弾，米GEにアプリ提供。東芝とGEはIoT分野の協業で15年11月に合意した。GEはIoT基盤「プレディックス」にリカイアスを導入する計画。その後，東芝はアプリの使用許諾料を得る事業モデルを国内外で展開する。

日付	出典	内容
2016/7/29	日刊工業	ファナックとNTTは，IoT基盤システムの開発で協業する。ファナックが年内投入を計画する工場用IoT基盤「フィールド・システム」に，NTTが協力する。ファナックはNTTグループの通信関連技術を活用し，製造業のあらゆる場面で活用できるシステムの早期確立を目指す。
2016/8/16	日経新聞	独SAPが米欧の有力企業との提携を加速。米アップルとモバイル機器で使いやすい業務システムを開発し，物流大手の米UPSとは3Dプリンターで製造した注文品の翌日配達を手掛ける。「IoT」時代をにらみ，有力企業と組むことで製品や事業の変革を急ぐ。
2016/8/23	日経新聞	ソニー，東京電力，IoTで提携。家電一括管理，住宅に普及弾み。IoTの技術を活用した住宅サービスで業務提携する。家電の遠隔操作による制御で省エネにつなげるほか，高齢者や子どもの見守りサービスを来年にも共同で始める。通信やセンサの技術に強いソニーと電力の顧客網を持つ東電ＨＤが組み，産業用途が先行していたIoTで家庭向けのサービス基盤を立ち上げる。
2016/8/31	日刊工業	ファナックの工場用IoT基盤，NTTなど200社と連携。基本システムの確立に向けNTTなど4社と協業するほか，システム構築（SI）やソフトウエア開発などを担うそのほかの企業200社以上と連携することがわかった。相手先は日立製作所や富士通といった大手から，中小・ベンチャー企業までさまざま。IoTの普及期を見据えた新たなオープン・イノベーションとして，注目されている。
2016/9/15	日経新聞	IoT向け省電力センサ端末を共同開発。東芝，アルプス電気がIoT向け省電力センサ端末を開発する共同出資会社（JV）を設立。東芝とアルプスのほか凸版印刷，東京エレクトロン，荏原，ソフトウエア開発会社など計7社が出資する。7社は新エネルギー・産業技術総合開発機構（NEDO）の研究事業を共同で受託しており，新会社を設立することで研究成果を事業につなげる。
2016/9/19	日刊工業	日立・NEC・三菱電など電機大手，基礎研究で外部連携。IoT・AI技術深耕。日立製作所やNEC，三菱電機など電機大手は，長期的に取り組む基礎研究について，自前主義からの脱却を鮮明にする。日立は大学と社会課題を解決する研究に着手し，NECは脳を模倣した人工知能（AI）の研究開発で大学などと連携する。IoT（モノのインターネット）やAIなど新技術の普及を見据え，企業はオープン・イノベーションにかじを切ることで，研究手法の多様化と成果の迅速化を狙う。
2016/9/27	日経新聞	ルノー・日産，つながる車開発でマイクロソフトと提携。仏ルノー・日産自動車連合は26日，コネクテッドカー（つながる車）の開発で米マイクロソフト（MS）と提携したと発表した。車両の遠隔監視や自動運転のソフトウエアの基盤として，MSのクラウドサービス「アジュール」を採用する。
2016/10/5	日経新聞	富士通，中国でIoT提供。工場向け，地場電機大手と提携，3年で100カ所目指す。富士通は中国電機大手の上海儀電と提携し，あらゆるものがインターネットにつながるIoTで工場を管理するシステムを2017年にも現地販売する。中国政府は人手不足対策や品質向上のために生産のIoT化を促しており，需要が増える見通し。
2016/10/6	日経新聞	米エヌビディアは，ファナックと技術提携。エヌビディアの高性能半導体を人工知能のエンジンとしてファナック製品に搭載し，自らスキルを磨く「考える産業ロボ」を開発する。産業機器という日本の得意分野でも「頭脳」は米企業が押さえる構図が鮮明になる。

日付	出典	内容
2016/10/7	日刊工業	電機復権へ―シーテックに見る新技術・サービス，異業種連携で新産業創出。電機業界以外からの出展が多く見られ，その潮流を感じさせた。異業種と連携する事例が目立った。タカラトミーは，NTTドコモと共同で開発した対話型ロボット「OHANAS（オハナス）」を展示。パラマウントベッドと共同で開発した「排泄検知シートLifi」を紹介したのは，ベンチャー企業のaba。ブロックチェーン（分散型台帳技術）を使ったシステムを提案するカレンシーポートは，富士通のベンチャー支援制度を活用。
2016/10/17	日経新聞	スズキを動かしたもの，AIと連携欠かせぬ時代。人工知能（AI）に関連した企業買収や投資が増えている。トヨタ自動車はAI分野への投資が膨らむこともあって今年度の研究開発（R&D）費が初めて1兆円を超える。
2016/10/27	日刊工業	NECと米GEデジタルは，IoT分野で包括提携。NECが培ってきたシステム構築（SI）や人工知能（AI）の技術と，GEがグローバル展開する産業用基本ソフト（OS）「プレディックス」の導入ノウハウなどを融合する。「インダストリアルIoTは1社では実現できない。サプライチェーンのグローバル展開などGEに学ぶことは多い」。
2016/11/16	日刊工業	ソニー，独ボッシュと協業，監視カメラで技術融合。ソニーは15日，独ボッシュグループ子会社のボッシュセキュリティシステムズと監視カメラ分野で協業すると発表した。2017年から両社の技術融合を図るほか，ボッシュ子会社が日本を除く全世界でソニー製品の販売や顧客サービスを担当する。監視カメラは，IoTの"目"として市場拡大が期待されている。両社は協業によりビジネスチャンス拡大を狙う。ソニーの高解像度と高感度を両立した映像技術と，ボッシュの映像解析技術や映像圧縮・管理技術などを融合する。今後，共同開発も検討する。また，全世界50以上の国・地域にあるボッシュの販売組織を活用することで，ソニーにとって海外販売の拡大が見込まれる。
2016/11/24	日刊工業	積水ハウス，IoT住宅実現へコンソーシアム立ち上げ。家電や自動車メーカーのほか，ベンチャーを含むIT企業の参加や官民協業を想定。IoT住宅の前提となる通信環境や情報セキュリティなどの技術の確立，実装する生活関連サービスの開発を検討する。積水ハウスは17年中をめどに，国内の複数地点でIoT住宅の実証を始める。く体に各種センサを埋め込んだ新築住宅と，団地内の既設住宅をIoT化する両パターンでテストベッドを設ける。
2016/11/29	日経新聞	再編急ぐ欧州海運。貨物業務でIoT化先手。海運でもあらゆるモノがネットにつながる「IoT」が急速に広がる。海運市況の低迷が長引くなか，約10年ぶりにコンテナ海運業界の大型再編が進んでいる。ドイツのハパックロイドやフランスのCMA CGMが同業とのM&A（合併・買収）を決めた。
2016/12/7	日刊工業	日立製作所は，東京大学と京都大学，北海道大学にそれぞれ「共同ラボ」を設置。電機各社が大学や研究所など外部機関と連携するオープン・イノベーションの強化に乗り出した。IoT（モノのインターネット）や人工知能（AI）などの新技術が登場し，環境が激変するなかで顧客ニーズも日々多様化する。こうした背景において，外部の知見や手法を積極的に取り込み，新たな価値（イノベーション）の創出につなげるのが狙い。
2016/12/8	日刊工業	独SAPと米GE，産業用IoTで提携を強化。GEの産業用基本ソフト（OS）「プレディックス」と，SAPのアプリケーション開発・実行基盤提供サービス「HANA（ハナ）クラウドプラットフォーム」の連携を強化。まず設備管理分野で両社の知見を融合して効率化を支援する。米独の2大ベンダーは関係を強固にし，産業用IoTで使うプラットフォームのデファクトスタンダード（事実上の標準）を狙う。

なお，フィンテック（FinTech）についても大企業とベンチャー企業のアライアンスの事例が多い。家計簿アプリ『マネーフォワード』に，多くの大企業（銀行や大手広告代理店など）が出資している事例が最も典型的である。
　メガバンクは，フィンテックのビジネス・アイディア募集のためのコンテストなどイベントをよく開催している。最近は，地銀や信金も同様の活動をしている。
　ゴールドマンサックスは，シリコンバレーのベンチャーに非常に多くの投資をしており，ベンチャー投資の世界においても，存在感を増している。
　日本の大手カード会社の一角であるクレディセゾンは，国内カード会社では初となるコーポレート・ベンチャーキャピタルのセゾン・ベンチャーズを設立し，投資活動を始めている。これは，新しいシーズを外部から獲得しようというオープン・イノベーションの活動である。
　大企業とベンチャー企業のアライアンスの有用性については，中村（2013）で詳しく研究・解説がなされているので，理論や事例について，より詳しく知りたい読者はそちらを参照していただきたい。

第2部
企業間アライアンスの相互補完数理モデルの提案と応用
―慶應義塾大学・博士論文を改訂掲載

第1部では，IoTの概要や新規事業のフィールドとしての有望さを解説し，そして，IoTの収益化において，アライアンスの活用が重要であることを述べた。第2部では，アライアンスの推進にあたって，アライアンス候補先企業の探索の効率化を促進し，また，アライアンス先企業を合理的に選択する意思決定に寄与するアライアンスの数理モデルについて，提案・解説したい。

　第2部は，筆者の慶應義塾大学大学院政策・メディア研究科（後期博士課程に2014年4月～2016年9月の2年半，在籍）にて行った博士研究が基になっている。博士論文「企業間アライアンスの相互補完数理モデルの提案と応用」に，若干の修正を加えたものをここに掲載している。

　なお，筆者は，本博士論文によって，博士（政策・メディア）を2016年9月21日に取得した。博士号取得にあたっては，多くの方々にお世話になった。とくに，指導教授である慶應義塾大学・環境情報学部教授の武藤佳恭先生には，熱心に指導いただいた。この場を借りて，改めて，心から御礼を申し上げたい。

第2部　要旨

　経営学におけるアライアンス研究では，これまで，企業間アライアンスのマッチング段階での成立メカニズムを表現する数理モデルが存在しなかった。そのため，2社間のアライアンスの関係性を数値として把握することができなかった。

　本研究では，資源ベース理論（Resource Based View, RBV）を基本フレームワークとしつつ，フローの概念やギブ・アンド・テイクの考え方を組み合わせ，サイバー・インフォマティックス（CI）分野の数学のモデル化の手法を用いて，世界初となる数理モデルの構築を行った。

　提案する相互補完モデルでは，A社の弱みをB社の強みで補い，B社の弱みをA社の強みで補うと考え，企業間の強みと弱みの相互補完関係が強いとき，アライアンスが成立すると考える。これはフロー・インテンシティ（Flow Intensity）が強く，かつ，フロー・バランス（Flow Balance）が保たれているときにアライアンスが成立しやすいとも説明できる。

　本研究では，営業力や技術力，生産力などの主として経営資源を代表する特徴ごとの評点付けを，1次元行列と2極のベクトルで数学表現し，2社の組み合わせを2次元マップ上で示し，そして最大の相互補完関係の点からの距離で相互補完強度を数学的に表現することにした。

　提案するモデルはPython言語で実装し，筆者の152社のコンサルティング先企業の実データを用いて，相互補完強度係数を算出した。アライアンスが成立した組み合わせと不成立になった組み合わせの係数の比較から，当モデルの正当性を確認した。

　加えて，相互補完モデルを発展させ，営業エリアが異なる企業間のアライアンスについては加算モデルとして追加した。また，各企業の意欲の度合いについては相乗モデルとして追加した。それらについても，Python言語で実装し，係数を算出し，同じく平均や中央値，最頻値などでの比較検討を行い，モデルの正当性を確認した。

　企業間アライアンスの成立のメカニズムを説明する数理モデルを提案し，2

社間のアライアンス成立の関係性を数値として演算可能（コンピューテイショナル）にしたことが本研究の成果である。他方では，サイバー・インフォマティックス分野の手法のアプリケーション分野を，アライアンス研究に拡大することに寄与した。

　提案するモデルはフレキシブルなものであり，ユーザーはパラメーター数や評点付け，重み付けなどを自由に変えられ，さまざまな企業データで試すことができる。

　さらには提案するモデルは企業間だけでなく，チーム構築や結婚のマッチングなど人と人との関係や国と国の間のアライアンスに応用でき，発展可能性がある。

キーワード：企業間アライアンス，数理モデル，マッチング・モデル，
　　　　　　資源ベース理論（RBV），相互補完関係，Python言語

第1章 本研究の概要と意義

2.1.1 ▶本研究の動機と概要

　本研究は，企業間のアライアンス成立のメカニズムを表現する世界初となる数理モデルを提案し，提案するモデルによって，企業間アライアンス成立の関係性を数値として演算可能にした研究である。

　筆者は，コンサルティング会社を経営しており，2008年5月から2015年3月までの約7年間で，152社の日本企業に対して，アライアンスによる新規事業立ち上げや売上向上についてのコンサルティングを行った。本研究は，その実務経験に基づいた研究内容となっており，実際のコンサルティング先企業データを用いて，提案したモデルを検証している。企業間アライアンス成立の関係性を数値として把握するようにできないかという問題意識が，本研究の動機となっている。

　これまで，経営学におけるアライアンス研究においては，2社間のアライアンスが成立するメカニズムを表現する数理モデルが存在しなかった。マッチングの数理モデルとしては，マーケット・デザインの分野では存在するが，経営学の企業間アライアンスの成立のマッチング段階を表現する数理モデルは存在していなかった。それゆえ，企業間のアライアンスにおける2社の関係性を数値として算出することができない状況にあった。

　本研究では，アライアンス研究で用いられてきている経営学の理論のなかから，資源ベース理論（Resource Based View，RBV）を基本的な理論フレームワークとして採用し，アライアンスは経営資源の交換であるとの先行研究を発展させ，2社間の強みと弱みの相互補完がより強いときに，アライア

ンスは成立しやすいと考えた。さらに，物理学のフローの概念や人間関係における ギブ・アンド・テイクの考え方も取り込み，フロー・インテンシティ（Flow Intensity）とフロー・バランス（Flow Balance）の概念を導入することで，数理モデルを構築した。

企業間アライアンスにおける2社間の強みと弱みの相互補完関係を数学的に捉えるにあたり，企業の強みと弱みを示す特徴ごとの各企業の評点を，1次元行列と2極のベクトルで表現し，最大の相互補完関係を示す点からの距離で，相互補完の強さを数学表現することとした。このように，最大の相互補完関係を示す点からの距離で，強度を数学表現することにしたことが，本研究において，数理モデルの構築に成功した最大の要因となっている。

本研究では，構築したモデルをオープン・ソースのプログラミング言語（Python言語）で実装し，コンサルティング先企業152社について，営業力や技術力，生産力などの主として経営資源を代表する8つの特徴数で5段階の評点付けをしたデータを用いて，実際に「相互補完強度」および「相互補完強度係数」を算出した。それにより，提案するモデルの正当性を確認した。

相互補完モデルでは取り扱えなかった営業エリアの異なる企業同士のアライアンスについては加算モデルとして発展させ，また，アライアンスによる事業展開に対する意欲（やる気）については相乗モデルとして発展させた。それらについても，Python言語で提案するモデルを実装し，その正当性を確認した。これにより，アライアンスの相互補完・加算・相乗モデルを完成させることができ，2社間のアライアンス成立の関係性を数値として演算可能となった。

2.1.2 ▶経営学領域にCIのモデル化の手法を導入

本研究では，経営学の観点からのアライアンス研究だけでなく，数学のモデル化をして，プログラミングによってコンピューテイショナルにするコンピュータ・サイエンスの手法を組み合わせ，学際的な研究の形で取り組んだことによって，世界初となる企業間アライアンスの数理モデルの構築に成功した。まさにサイバー・インフォマティクス分野に所属していたからこそ，得られた研究成果であると言える。

経営学では，企業の内部に焦点を当てる資源ベース理論や外部の企業との競争環境などのポジショニングに焦点を当てる競争戦略論などの理論フレームワークで研究が進展してきているが，そういった経営学で主流の手法では，企業間アライアンスのマッチング段階のメカニズムはモデル化しにくい領域であった。そのため，経営学分野の研究者では，数理モデル化が実現できていなかった。

　また，経営学においては，多変量解析による計量分析の研究が非常に多くなされており，現在の主流となっており，経営学の世界では統計処理の研究に終始している傾向が見られる。そのため，数理モデル化への取り組みが手つかずの状態となっていた。

　ただし，経営学においても，数学的な分析手法であるゲーム理論やリアル・オプションなどの研究手法によって，経営判断を数学表現し，数値として把握して，意思決定をしていこうという流れがあり，本研究も，そういった数理的なアプローチの流れを発展させるものであると位置づけられる。

図1　本研究の意義と学際研究を示す概略図

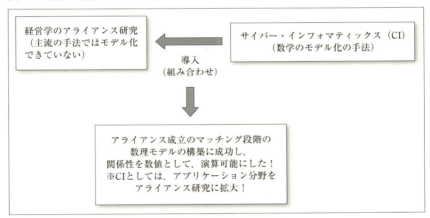

　このことは，翻って考えてみれば，サイバー・インフォマティックス（CI）としては，そのアプリケーション分野を，企業間アライアンスの領域に拡大することにつながっている。本研究は，経営学研究およびCI研究分野の両方において意義ある学際的な研究となっている（図1）。

2.1.3 ▶ アライアンスの定義と研究対象とする段階

　本研究では，企業間アライアンスを取り扱っているが，「アライアンスとは何か？」について，ここで，定義しておきたい。

　アライアンス研究の起点となった文献の1つであるYoshino and Rangan (1995) におけるアライアンスの定義，そして，その研究を発展・整理させたYasuda (2003) および安田 (2006, 2010, 2016) の定義を踏まえ，筆者は，アライアンスとは「複数の企業が独立したままの状態で，新規事業構築や既存事業の拡大のために各企業が持つ経営資源を提供し合って相互補完し，契約の締結や資本関係の有無に関わらず，継続的な協力を行って，その成果を分け合うこと」と定義づける。[1]

　Yoshino and Rangan (1995) および，Yasuda (2003) および安田 (2006, 2010, 2016) を参考に，企業間結合の分類，すなわち，M&A，一般取引，アライアンスの分類については，次の図2のとおりである。

　アライアンス研究[2]では，アライアンスを行う企業の当事者側からのスタンスでの研究として，アライアンスの提携先の選定，条件や目標の設定，協力関係の構築・維持・解消，利益の享受などについての研究がなされている。

　本研究は，アライアンスの各過程における最初のマッチングの段階，つまり，不特定多数の企業が存在するなかで，企業と企業がアライアンスをすることに意義を見出し，2社の企業がアライアンスの実行に向けて結び付き始める段階の成立メカニズムを明らかにするものである。

　先行研究についての詳細は，第2章に譲るが，Yasuda (2003) および安田 (2006, 2010, 2016) やDoz and Hamel (1998) などのアライアンス研究の主流は，アライアンス先候補企業が見つかった後の段階，あるいは，アライアンスをすることを決めた後の段階に関するものとなっており，多くの潜在的なマッチング候補先が存在するなかで，アライアンス先企業として適した企

---

[1] 本研究においては，第5章で説明するように，152社のデータにおけるアライアンス成立・不成立のカウントについては，別の異なる定義を用いていることに注意されたい。
[2] 主として，Yasuda (2003) および安田 (2006, 2010, 2016)，元橋 (2014)，Doz and Hamel (1998)，Tjemkes et al. (2012) などで，アライアンスの各段階の研究の整理がなされている。

図2　企業間結合の分類におけるアライアンスの位置づけ

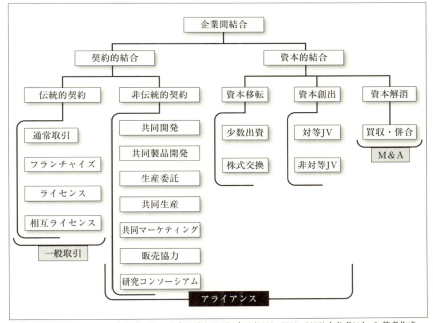

出所：Yoshino and Rangan(1995)，Yasuda(2003)および，安田(2006, 2010, 2016)を参考にして，筆者作成。

業を選択する段階（すなわち，マッチング段階）の研究が十分なされておらず，アライアンス研究が狭い範囲だけにとどまっている。本研究は，これまでのアライアンス研究では十分取り上げられてこなかった領域であるアライアンス成立の最初のマッチング段階にまでアライアンス研究を拡大し，まだ構築がなされていないマッチング段階の数理モデルを提案するものである。

　加えて，これまでのアライアンス研究は，アライアンスをしようとする片方の企業の視点からだけの分析がメインとなっており，多くの潜在的なアライアンス候補先企業のなかから，最適なアライアンス先企業を選択し，紹介によって橋渡しをする「アライアンスの仲介者」[3]の視点が欠けている。本研

3　「アライアンスをしようとする企業に適したアライアンス候補先企業を探索・発掘し，それらのアライアンス候補各社の強み・弱みを評価して，紹介・引き合わせを行い，2社間のアライアンスが成立するようにアレンジメントをする人や企業」と筆者は定義する。

究は，アライアンスの仲介者がどのような活動を行っているかを解明する研究でもある。

　本研究で提案した数理モデルは，フレキシブルなものであり，ユーザーがウエイト付けの変更やパラメーターの数の変更などを自由に行うことができる発展可能なモデルとなっている。今後，ほかの企業データや異なる評点付け，パラメーターの変更などにより，モデルをより実態に近いように進化させていくことができる。本研究の目的は，そういった研究を進展させていくにあたっての発展可能なモデルをまず提案することにある。

　なお，本研究では，筆者の152社のコンサルティング先企業データを用いており，そのデータの内容・詳細は，第2部の第5章に掲載しているが，それらのデータはモデル構築にあたって利用し，その妥当性を確認するために用いたものであり，データ自体は，あくまで1つの例にすぎず，このたびの企業データや評点付けが絶対的なものであることを主張しているわけではない。

第2章 先行研究のサーベイ

2.2.1 ▶アライアンス研究の概観

　経済学の研究においては，研究に関連する先行研究の正確かつ網羅的なサーベイが重要であるため，本研究の推進・取りまとめにあたっても，本研究に関連する先行研究のサーベイを行った。

　アライアンスについての研究としては，ライバル企業と競合しすぎることを避ける観点からの戦略的提携の理論として，Hamel and Doz（1989）を起点として，Hamel and Prahalad（1994）にて，「アライアンスが必要になる最も明白な理由は，新製品や新サービスを生むのに必要な経営資源をすべて取り揃えている企業など1社たりとて存在しないという事実である」とされており，また，アライアンスの有用性として，①経営資源を補う，②成功を早める，③パートナー企業同士でリスクを共有し合うことにあると，主張されている。

　その後，Yoshino and Rangan（1995）において，初めて包括的にアライアンスの形態の類型・分類・定義付けがなされている。それについては，図2で示したとおりである。

　アライアンス研究の概観についてはYasuda（2003）および安田（2006, 2010, 2016）や，米倉（2012），中村（2013），湯川（2013），石井（2003），Mitsuhashi and Greve（2009），Martin and Stiefelmeyer（2001）にてまとめられており，アライアンス研究は，経営学の理論の発展の延長戦上とともに，経済学の発展の延長戦上にも位置付けられる。

　他の経営学分野と同様に，経済学のミクロ経済学の応用として，企業は必

要な資源を獲得するにあたって，外部企業と通常の市場取引をするためにかかる取引コストと，内部化して独自に内製で行う場合に必要となる内部化コストの比較・合算のなかで，アライアンスをしたほうが最適である点において，企業間のアライアンスが行われると捉える取引コスト理論や，囚人のジレンマやナッシュ均衡をはじめとした当事者間の関係性を数学的に説明しようとするゲーム理論が，理論フレームワークとして，アライアンス研究においても用いられている。

アライアンス研究における経営学の系譜としては，Wernerfelt（1984）およびBarney（1991）を起点として提示された資源ベース理論（Resource Based View, RBV）が主要な基礎理論となっている。

本研究においては，資源ベース理論を発展させ，"アライアンスは経営資源の交換である"と結論付けているYasuda（2003）および安田（2006, 2010, 2016）が，最大の先行研究との位置づけとなる。

筆者は，企業の競争優位性の源泉は，企業内部の経営資源に依存しており，また，経営資源の獲得のために，企業はアライアンスを行うと捉えることが適切であると考えるため，すでにアライアンス研究に用いられている資源ベース理論を主たる理論フレームワークとして選択した。

取引コスト理論は，アライアンスの現象を形成の静観的に捉えているだけであり，ダイナミックに企業と企業がどのように結びつくのかを説明しきれていないため，採用しない。また，ゲーム理論は，アライアンス先企業がすでに見えており，戦略的提携の相手先がいくつかに絞られて特定している段階での企業間の関係性を分析したものとなっているため，アライアンス候補先を探索する段階での理論背景としては適さないため，採用しない。

2.2.2 ▶ 本研究の根拠となる資源ベース理論によるアライアンス研究

前述のように，アライアンスの成立を説明する理論としては，Wernerfelt（1984）およびBarney（1991）で主張されてスタートした資源ベース理論がある。これは，企業が有する経営資源に企業の持続的な競争優位性が依存するという考え方である。企業の持続可能な競争優位を生み出すための4つの実証的な指標として，価値，希少さ，模倣困難性，代替困難性を用いて，分

析している。

　Das and Teng（1998a）では，外部の競争環境に対応する戦略として，アライアンスを捉え，資金，技術，物質，管理の４つの資源を協調的に調整する観点で，アライアンスの形態やリスク・リターンの関係について分析されている。

　Das and Teng（2000）では，資源の移動困難性（imperfect mobility），模倣困難性（imitability），代替可能性（substitutability）といった資源の特徴の観点から，アライアンスのパートナー間の資源連携の調整について，資源の類似性（similarity）や効用（utilization）に着目して，アライアンスの４つのタイプ，すなわち，補填（supplementary），余剰（surplus），補完（complementary），無駄（wasteful）について分析しており，エクイティ・ジョイント・ベンチャー，契約に基づくアライアンスなどについて研究している。

　その発展として，Yasuda（2003）および安田（2006, 2010, 2016）は，戦略的提携の研究に新しい分析アプローチとして，"アライアンスは経営資源の交換である"いう考え方を提示している。すなわち，Yasuda（2003）および安田（2006, 2010, 2016）は，企業の有する資源を，（1）技術資源，（2）人材資源，（3）生産資源，（4）販売資源，（5）資金資源という５つの経営資源に，簡略化して分類・整理し，アライアンスとは，それら５つの経営資源の交換であると結論づけている。本研究は，この考え方を発展・応用させている。

　そのほか，資源ベース理論を用いたアライアンス研究としては，Lavie（2006）があり，インターコネクティッド企業のネットワーク資源の研究に応用されており，異質性，移動困難性，模倣困難性，持続可能性について，再度の検証が行われ，ネットワーク化された環境においては，資源の本質よりも，関係性の本質のほうがより重要であると結論づけている。本研究も，資源ベース理論の資源の特性についての検討よりも，２社間の資源をめぐる関係性に注目しており，当該研究を参考にしている。

　しかしながら，これらの先行研究においては，想定されるアライアンス候補先企業の間の関係性を表現する数理モデルが存在していない。たとえば，

アライアンスのマッチング段階を取り扱っている研究であるMitsuhashi and Greve（2009）においても，資源ベース理論や，あるいは，社会的交換理論，組織論を手法として用いて，アライアンスの関係性を研究しているが，観念的な議論にとどまっており，マッチングのメカニズムを表現する数理モデルは提示されていない。Yasuda（2003）および安田（2006，2010，2016）においても，アライアンス・パートナー間の関係性を，経営資源の交換の観点から説明しているが，数理モデルの構築には至っていない。

なお，Das and Teng（1998a）では，企業のアライアンス能力について，物的資源（プロパティ）と知識ベース（アイディアやスキル）に分けて，説明しており，企業組織にアライアンスを受け入れる素地があるかが重要であることが主張されており，これは，本書で取り上げる相乗モデルでのアライアンスに対する意欲（やる気）に関連している。

2.2.3 ▶ アライアンス研究のほかの理論（取引コスト理論，ゲーム理論など）

次に，資源ベース理論以外の理論によるアライアンス研究について，概観する。

先に述べたように，1つ目は，取引コスト理論である。この理論では，一般の市場取引にかかわる取引コストよりも，アライアンスをしたほうが，相対的にコストが安いときで，かつ，内部化（内製化）をするコストよりも，外部企業とアライアンスをしたほうが，相対的にコストが安いときに，アライアンスが行われると考える。つまり，一般取引における相手先の与信審査や契約書締結，それらの交渉などといった取引コストと，事業運営において必要とする機能を企業内部に保有するための内部化コストの2つのコストが最低となる中間のゾーンにおいて，アライアンスが形成されると説明する理論である。しかし，この理論は，企業行動としてのアライアンスの現象を表層的かつ鳥瞰的に説明することはできているものの，どのようにアライアンスにおける最適な提携先企業（ビジネス・パートナー）を選択するのかという説明付けはできず，アライアンスにおけるマッチングを説明するものになっていない。そのため，本研究の理論的フレームワークとしては採用しない。

もう1つ，アライアンス研究で用いられている理論としては，ゲーム理論

がある。ゲーム理論は，すでにアライアンスが形成された後のアライアンスをしている企業間の関係性や，あるいは，アライアンスを行う候補先企業の数が固定されているときの関係性を検証することができる。アライアンスにおける相手先パートナー企業がわかっているときの関係性を説明する際には適しているが，本研究で取り扱っているような，企業が不特定多数の企業群のなかからアライアンス先企業候補を探索し，最適なアライアンス先企業を選択するといったアライアンスのマッチングの段階における理論的な基礎としては適しない。本書では，アライアンスのマッチング段階において，どの企業とどの企業が最適な組み合わせかを決定する研究であるため，ゲーム理論は理論的フレームワークとして採用しない。

そのほか，社会的交換理論を用いたアライアンス研究としてDas and Teng（2002）があり，企業間のアライアンスにおける非経済的な資源の交換について研究している。アライアンス・コンステレーション（Alliance Constellation）と呼ばれる，企業のグループ化について検討されており，独立している企業が，個々の企業のゴールに適合するためだけでなく，アライアンスをしているすべての企業に共通したメリットのためにも，ユニファイド・ネットワークを構築するとしている。企業間が協力することによって得られるメリットが，アライアンス・コンステレーションの研究としてまとめられている。しかしながら，本研究では，アライアンスにおける経済的な恩恵を研究しているため，経済的な資源の交換に主に関心を置いているため，本研究の理論的な基礎としては，Das and Teng（2002）で用いられているような文脈での社会的交換理論はメインの理論とはならない。ただし，本研究の8つの強み・弱みの特徴の1つとして，信用・ブランドを評価項目として入れており，これについては，非経済的なものとして，社会的交換理論に該当する。また，Das and Teng（1998b）においては，アライアンスにおける信頼関係の醸成における信用のコントロールについて，研究されており，信用の大切さが述べられており，これが，後述する各企業の評点付けの8つの特徴として信用・ブランドを盛り込んだ理由となっている。本研究に関連する主たる先行研究については，表1にまとめた。

表1　本研究に関連する主たる先行研究

	本研究に関連する主たる先行研究の一覧表	
1	アライアンス研究全体を包括している文献	
	Yoshino and Rangan（1995）	企業間結合の分類
	Yasuda（2003）および安田（2006, 2010, 2016）	アライアンスは経営資源の交換
	石井（2003）	組織間調整，取引コスト理論
	牛丸（2007）	競争，不確実性，ゲーム理論
2	アライアンスのマネジメントに関する文献	
	Doz and Hamel（1998）	価値創造のアライアンス戦略の実施
	Bamford, Gomes-Casseres, and Robinson（2003）	アライアンス戦略の各段階の実行
	安田（2016）	パートナー間多様性の影響
	元橋（2014）	アライアンス・マネジメント全般
3	資源ベース理論自体のメイン文献	
	Wernerfelt（1984）	最初にRBVという用語を使用
	Barney（1991）	RBVのスタートとなった文献
	Collis and Montgomery（1998）	RBVの経営戦略全般
	Verona（1999）	RBVによる製品開発の研究
4	資源ベース理論のアライアンス研究	
	Das and Teng（1998a）	4つの資源の調整，リスク・リターン
	Das and Teng（2000）	移動困難性，模倣困難性，4つのタイプ
	Yasuda（2003）および安田（2006, 2010, 2016）	アライアンスは経営資源の交換
	Lavie（2006）	インターコネクティッド企業の競争優位
5	小企業についてのアライアンス研究	
	Gomes-Casseres（1997）	小規模な企業が研究対象
6	マッチング段階についての研究	
	Mitsuhashi and Greve（2009）	マッチング段階の研究，数理モデルなし
7	相互補完性についての研究	
	Adegbesan（2009）	不足するものを補完，数理モデルなし
8	社会的交換理論のアライアンス研究	
	Das and Teng（1998b）	トラストとコントロール，信頼関係構築
	Das and Teng（2002）	コンステレーション，束になることのメリット
9	ギブ・アンド・テイクの社会的交換理論	
	Schaufeli（2006）	人間関係のギブ・アンド・テイク，バーン・アウト
	Kaysar, Converse, Wang, and Epley（2008）	人間関係のギブ・アンド・テイク，非互恵性
	Gassmann and Enkel（2004）	オープン・イノベーション，ギブ・アンド・テイク
10	オープン・イノベーションに関する研究	
	Chesbrough（2003, 2006a, 2006b）	オープン・イノベーションの提唱
	米倉・清水（2015）	オープン・イノベーションのプロセスと事例
	米倉（2012）	オープン・イノベーションと戦略的提携
11	コーポレート・ベンチャリングに関する研究	
	湯川（2013）	コーポレート・ベンチャリング，ICT企業
	中村（2013）	大企業とベンチャー企業の提携
12	マーケット・デザイン（マッチメイク）の研究	
	Akbarpour, Li, and　Gharan（2014）	マーケット・デザインの論文の一例
	Roth（2015）	2012年ノーベル経済学賞・受賞者の著書
	坂井（2010）	臓器，結婚などのマッチングの数理モデル
13	データセット作成の研究	
	DeVellis（2012）	スケール・デベロップメントの理論と応用

2.2.4 ▶ 多くの計量分析と数理モデルの欠如

　これまでのアライアンス研究では，アライアンスによる業績向上や研究開発促進，アライアンス先からのスキル習得などについての多変量解析を用いた研究は多数存在する。しかし，それらは，アライアンスの成果のパフォーマンスを売上高や特許出願件数，市場シェア，企業価値，マネジメント能力などをパラメーターとして，統計手法によって実証分析をしているものの，アライアンスが成立するメカニズムを数学的に表現するモデルは提示していない。

　アライアンス研究における定量的な研究は多数存在しているが，それらは，統計手法によるものであるため，アライアンスが成立するか不成立となるかのメカニズムを表現する数理モデルではない。数理モデルが存在しないため，アライアンスにおける2社間の関係性を数値として算出することができない状況にある。

　アライアンスの統計手法による計量分析としては，たとえば，アライアンスによる企業価値向上については，Anand and Khanna（2000），Chang, Chen and Lai（2008），アライアンスによるイノベーション創出力や製品開発力の強化については，Kelley and Rice（2002），Lee and Cavusgil（2006），アライアンスによる売上拡大については，Leiblein and Reuer（2004），アライアンスによるマネジメント能力の向上については，Rothaermel and Deeds（2006），アライアンスのパートナーの多様性に関しては，安田（2015）がある。このように，統計分析の研究は，多数存在する。

　Mitsuhashi and Greve（2009）では，アライアンスのマッチング段階の研究が行われ，とくに，海運業界におけるパートナー選択について検討されているが，観念的な議論となっており，数理モデルがまったく提示されていない。アライアンスにおける相互補完関係が数学的に示されていないため，観念的にはアライアンスの相互補完性を捉えることはできるものの，アライアンスの相互補完メカニズムを厳密に把握して操作性を与えたり，数値として捉えたりすることができない。

　このように，アライアンス研究においては，計量分析の研究は存在するものの，アライアンスが成立する際の企業と企業の結びつきがどのようなメカ

図3 先行研究における"ホワイト・スペース"

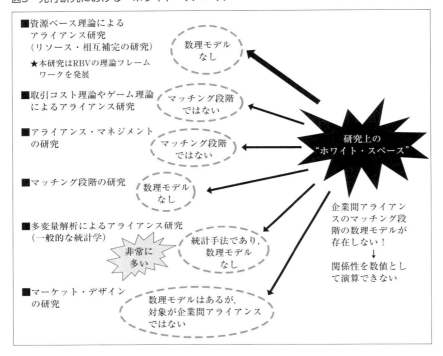

ニズムで成立しているのかを表す数理モデルが存在していないため，アライアンスを行う2社の組み合わせの関係性を数値で算出することができていない。

相互補完性については，一部，先行研究が存在している。たとえば，Adegbesan（2009）においては，企業の強みをより強くするための企業間で補い合うことや，企業がグループになることの価格交渉力についてなど，相互補完性についての議論がなされており，ゲーム理論による双方の企業の関係性の検討のための数理モデルは提示されているが，相手先がまだ定まっていない段階のマッチングの場面での数理モデルが提示されていない。

Roth（2015）で取り上げられているような臓器や結婚などの一般市場では取り扱いにくいものに関するマーケット・デザインの分野ではマッチングの数理モデルは存在している。マーケット・デザインの分野では，Akbarpour, Li, and Ghara（2014）や坂井（2010）のように，数理モデルが研究されてお

り，マッチ・メイクの数学モデルとしては，マーケット・デザインという1つの研究分野として確立している。しかし，それらは，企業間アライアンスを対象としていないため，やはり，企業間アライアンスのマッチング段階の数理モデルは存在していない状況にある。

　図3は，ここまで述べてきた先行研究のサーベイの状況を図としてまとめたものであり，企業間アライアンスのマッチング段階のメカニズムに関連する先行研究について，関連研究の位置づけを示し，そのなかで，研究されていない領域，すなわち，"ホワイト・スペース"を示している。

2.2.5 ▶ アライアンス・マネジメントの研究

　アライアンス研究においては，アライアンスの相手先企業が見えている段階での契約条項の設定やアライアンスの形態，アライアンス後の段階からの関係調整，アライアンスの終了，アライアンスの成果評価といった部分が研究の中心となっており，不特定多数の企業群のなかから適切なアライアンス先企業を選定するという最初のマッチングの段階の研究が十分行われていない。

　これまでのアライアンスの研究は，アライアンス成立後の関係調整，契約内容の設定や契約の解消，成果の評価などが中心となっている。代表的なものとしては，Yasuda（2003）および安田（2006, 2010, 2016），元橋（2014），Doz and Hamel（1998），Bamford et al.（2003），Tjemkes et al.（2012）である。これらの研究では，アライアンスの相手先企業が見えた後のアライアンスの形態，契約条項の決め方，協業の仕方，アライアンスの管理などが研究対象となっている。

　ハーバード・ビジネス・レビューに掲載されるような実務に近い研究においても，アライアンスやジョイントベンチャーの成否を分ける要因についてはBamford, et al.（2004），相手先企業が見えた段階のアライアンスか買収かの分析についてはDyer, et al.（2004），アライアンスのリストラについてはErnst and James Bamford（2005），スキルと知識の獲得による競争力向上についてはHamel and Doz（1989），アライアンスの管理についてはKaplan, Norton, and Rugelsjoen（2009）などがあり，いずれも，アライアンスをす

る相手先企業が見えているうえでの関係性の調整についての研究となっている。

　本研究では，それらのアライアンスの相手先が見えている段階やアライアンスの実施後ではなく，最初のマッチングの部分，つまり，不特定多数の企業が存在するなかで，企業と企業がアライアンスをすることに意義を見つけ出し，2社の企業がアライアンスの実行に向けて結び付き始める段階の成立メカニズムを明らかにすることを研究のメイン対象としている。

　アライアンスの最初のマッチングの段階を取り上げたものとしては，前述のとおり，Mitsuhashi and Greve（2009）が先行研究として存在するが，観念的な議論だけにとどまっており，マッチングの成立の数理モデルは提示されていない。

　Gompers and Lerner（2000）において，プリンシパル・エージェント理論を用いて，ベンチャーキャピタルと投資先企業の関係，ベンチャーキャピタルとファンド出資者の関係が研究されており，ベンチャーキャピタルと投資先企業の研究がなされていて，アライアンスを行う企業の当事者の判断について研究がなされているが，本書では，片方側の企業だけでなく，2社の企業のアライアンスのアレンジメントをする仲介者がどのようなメカニズムで，組み合わせを行っているかを明らかにすることも，本研究の目的の1つである。

　本研究での検証データの内訳としては，小規模な企業が多く含まれている。研究対象とする企業の規模の面では，Gomes-Casseres（1997）が小規模な企業のアライアンスについて研究しており，先行研究となるが，その論文でも，本書で提案するような数理モデルは提案されていない。

2.2.6 ▶ オープン・イノベーション研究との関係

　本研究のアライアンス研究のなかでの位置づけは，上述のとおりであるが，本研究は，加えて，Chesbrough（2003, 2006a, 2006b）で提唱されたオープン・イノベーション（自前主義で，自社内での研究開発で生み出されたものだけを経営資源として利用するのではなく，外部企業が生み出した技術などを取り込んで利用していく考え方）の研究の系譜・文脈のなかでも捉えるこ

4　オープン・イノベーションの研究における清水（2012）や米倉・清水（2015），星野（2015a, 2015b）でも，同様のことが主張されている。

とができる。清水（2012）および米倉・清水（2015）で述べられているような，不特定多数の企業のなかから，自社のアライアンス先として適合する企業を探索する際，とりわけ，企業と企業が出会って，アライアンスに向けて話し合いをし始めるマッチングの段階に焦点を当てている。この文脈における探索コスト[5]を低減させるための理論的なモデルとなる。

知の探索（エクスプロレーション，exploration）と，知の進化（エクスプロイテーション，exploitation）に大きく分けられ，March（1991）で研究されている。

米倉・清水（2015）のオープン・イノベーションの研究においても，探索コストや「エージェント活用型探索[6]」について述べられているが，マッチングが成立するメカニズムについての数理モデルは示されていない。

米倉・清水（2015）では，中小企業が新しい事業展開をするにあたって，経営資源の制約が大きいことが述べられているが，本研究においては，中小企業も企業データのなかに含まれており，中小企業のオープン・イノベーションに関する研究とも呼べる。

このように，本研究は，アライアンス研究における資源ベース理論の研究であるDas and Teng（1998a, 2000）およびYasuda（2003）および安田（2006, 2010, 2016）を発展させた研究であるとともに，上述のように，オープン・イノベーション研究の発展上にあるという捉え方もできる。

アライアンスが形成される最初のマッチングの段階，すなわち，相手先企業を探索している段階に研究対象を広げるだけでなく，そのマッチングの成立確率が高まるように，翻って言えば，アライアンス先の探索コストを低減させることに寄与するものと考える。

5　アライアンスをする相手先企業を探し出すためにかかる費用と筆者は定義する。
6　コンサルティング会社などの代理人に，アライアンスの提携先の探索を依頼する形のことと，米倉・清水（2015）において紹介・解説されている。米国オハイオ州に本社を置くナインシグマが代表例とされ，自社が有する既存ネットワーク以外に素早くアクセスできることやエージェントが相手先をスクリーニングするため，信頼性が担保されることなどがメリットとしてあげられている。

2.2.7 ▶ 人間関係のギブ・アンド・テイクに関する社会的交換理論

　もう1つの理論は，社会的交換理論として知られるものである。これは，経済的な側面よりも，非経済的な側面に注目している。本研究では，主として，経済的な経営資源の交換にフォーカスを当てているので，その面では，前述のとおり，本研究のメインの理論フレームワークとはならない。

　しかし，社会的交換理論には，人間同士，あるいは，人と企業の間の両方の研究におけるギブ・アンド・テイクについて分析し，説明付けをしている研究がある。

　Schaufeli（2006）による心理学分野の学術的な論文などの広範囲にわたる研究の結果，8000人以上の専門家など（教師，医者，看護師，警察官，囚人，警護官，ソーシャルワーカー，精神障害労働者）について調査しており，人間関係や人と企業の関係において，ギブ・アンド・テイクのバランスが崩れると，バーンアウトを引き起こすことが示されている。関係において，バランスが大きく崩れていたり，あるいは，ミスマッチが起こったりしている場合には，ギブ・アンド・テイクのバランスが崩れており，さもなくば，ある集団と他の集団にとって，偏ったいびつな不均衡な状態となっており，関係性が崩壊し，それは，バーンアウトと呼ばれている。その論文では，報酬とコストのギャップが大きくなりすぎて，インバランスとなっているときにバーンアウトが引き起こされるとしている。

　ギブ・アンド・テイクに関する近い領域の先行研究としては，Chesbrough（2003）によってスタートしたオープン・イノベーションの研究において，企業間のギブ・アンド・テイクが非常に重要であると述べられている。たとえば，Grassmann and Enkel（2004）は，124社の企業データを用いた実証研究を行っており，成功のために，ギブ・アンド・テイクが極めて重要であることを示す3つのコア・プロセス・アーキタイプを用いて，オープン・イノベーションの研究となっている。

　これにより，個人の人間関係において研究されてきたギブ・アンド・テイクの社会的交換理論の考え方を，アライアンスの数理モデルの構築の本研究に取り込むこととした。

第3章 アライアンスの相互補完モデルの構築

2.3.1 ▶相互補完モデル構築の前提としたアライアンス成立の考え方

　企業間のアライアンスの成立においては，資源ベース理論を応用した研究はあるものの，企業間のアライアンスのマッチングを表現する数理モデルが存在していない。それゆえ，アライアンスにおける2社の関係性を数値として算出することができていない。本研究では，資源ベース理論によるアライアンス研究のフレームワークを発展させ，「アライアンスは経営資源の交換である」と考える。

　各企業が自社の強みを提供して，自社の弱みを補うのが，アライアンスであり，2社間の強みと弱みの相互補完がより強いときに，アライアンスは成立しやすいと考える。

　たとえ過当競争を避けスケール・メリットを求めるための競合企業同士による戦略的提携（Strategic Alliance）[7]であっても，Tjemkes et al.（2012）で示されているように，それぞれ競争優位性のある提携先パートナーを見つけ出し，各社の弱みを他社の強みで補完することを意図している。

　本研究では，アライアンスの成立における強みと弱みの相互補完関係が強ければ強いほど，アライアンスは成立しやすく，相互補完関係が弱ければ弱いほど，アライアンスは成立しにくいと考えた。2社間において，どちらか片方からだけしか強みの提供が行われない場合には，アライアンスは成立し

7　新日鐵住金（新日本製鐵と住友金属の提携および合併）や三井住友信託銀行（住友信託銀行と中央三井アセット信託銀行の提携および合併），ルネサスエレクトロニクス（三菱電機，日立製作所，日本電気の半導体事業部が統合）が，この事例となる。

図4　アライアンスにおける2社間の双方向のアピール

ないと仮定しており，アライアンスにおいては，両方の企業から強みが提供され，相手企業の弱みを補完していることが成立の前提となると考える。

　なお，冨田（2014）で示されているように，大手企業と中小ベンチャー企業の企業規模・企業属性が異なる企業間でのアライアンスの組み合わせやその有用性，新製品開発における技術面での補完といった観点からもアライアンスを見ることもできる。しかし，本書においては，アライアンスの成否に与える企業規模や業歴の影響について考察していない。

2.3.2 ▶ 相互補完の捉え方と物理モデルの応用

　アライアンス成立の相互補完のメカニズムを示す数理モデルを構築するにあたり，物理学の分野での磁力のスピングラス・モデル（磁石のN極とS極が引き合う理論のこと）を応用させて，考案した。

　アライアンスの相互補完モデルの考え方としては，ある企業A社の弱みを別の企業B社の強みで補完し，逆に，B社の弱みをA社の強みで補完することが基本となり，片方の企業だけの補完や，両方の補完が小さい場合は，相互補完の強度は小さいと考え，相互に強みや弱みを，強く補完し合っている場合には，強い相互補完だと捉える。つまり，アライアンスの相互補完は，2社間の互いに引き合う力に基づく2極モデルであると考えられる。

　そのイメージ図は，図4のとおりである。

2.3.3 ▶ 強みと弱みの8つの特徴の選定

　相互補完数理モデルの構築においては，冨田・武藤（2015）では当初，よ

8　大企業とベンチャー企業のアライアンスについては，コーポレート・ベンチャリングの研究である中村（2013）および湯川（2013）にて，ICT産業での事例を中心に検討・整理がなされている。
9　詳しくは，冨田（2014）を参照。

り単純化して，強みと弱みの特徴付けを4つの特徴数にて，モデルを構築しており，本書でも，付録1として掲載している。冨田・武藤（2015）およびTomita and Takefuji（2016a, 2016b）では，強み・弱みの8つの特徴での相互補完関係の評点付けを用いている。本書では，最初から，8つの特徴数での説明を行う。

それらの8つの特徴数評点付けの項目の選定については，本研究のメインの先行研究として位置付けているYasuda（2003）および安田（2006, 2010, 2016）で取りまとめられている5つの経営資源，すなわち，販売資源（＝営業力），技術資源（＝技術力），資金資源（＝資金力），人材資源（＝人材力），生産資源（＝生産力）を評点付けする特徴として取り上げた。

その5つに加え，Das and Teng（1998b）にて，信用の重要性が述べられているため，信用・ブランドを追加しており，また，アライアンスは新規事業立ち上げを目的として行われることが多いため，事業シーズとなるアイディアを生み出す力，すなわち，アイディア力も追加した。さらには，Hamel and Prahalad（1994）で述べられているように，アライアンスは事業展開のスピードアップを目的の1つとしているため，組織としての機動性を追加した。これら3つを加えて，合計8つの特徴による強み・弱みの評価を行っている。このことは，152社のアライアンスのアレンジメントを行った実務的な経験からも妥当であると考えている。

なお，ここで提案するモデルはフレキシブルなモデルであるため，特徴の数や項目も，ユーザーが自由に決めることができる。前述のとおり，冨田・武藤（2015）での最初のモデル構築を4つの特徴数で行っていることからもわかるように，特徴数は自由に設定できるため，8つという数自体は本質的な意味は持たない。なお，特徴数を偶数ではなく，奇数となる場合についての考察は，付録3にて，掲載している。

5段階での評点付けとした理由は，日本に限らず，米国をはじめとする諸外国においても，学校の評価方法として，5段階が用いられており，なじみ深いものであるため，採用した。

2.3.4 ▶企業の強み・弱みの1次元行列と2極ベクトルでの表現

　企業の強みと弱みを8つの特徴数で，5段階の評点付け（5が一番良い評価）をすると，それらは，1次元行列で数学的に表現できる。

　それらの2社の相互補完関係は，1次元行列で表現できる。A社とB社の強み・弱みを8つの項目で，1から5の評点を付けると，次のように表現できる。

　　A社　a＝（1, 3, 4, 2, 5, 1, 3, 1）
　　B社　b＝（4, 1, 1, 3, 1, 5, 3, 1）

　上記において，A社からB社を引いた結果のcは，各特徴において0～4（正か負）の間の数値で，プラスかマイナスの方向性のある2極のベクトルとなる。すなわち，2社間の相互補完関係は，2極のベクトルで数学的に表現できる。

　　A社－B社
　　c＝a-b＝（-3, 2, 3, -1, 4, -4, 0, 0）

　企業の強みと弱みを1次元行列と，2極のベクトルで数学表現するところが，提案する相互補完数理モデルの基本となる。

2.3.5 ▶正の整数の総和と負の整数の総和

　先に述べたA社とB社の例において，A社からB社を引いた際のプラスの2極のベクトルを示す正の整数の総和は，A社からB社への強みの提供を示しており，次のようになる。

　　2+3+4＝9

　この9という数字は，A社の強みがB社の弱みを補完している度合いを表

図5 特徴数8つでの5段階評価の相互補完関係の例(プラスのベクトルの総和とマイナスのベクトルの総和)

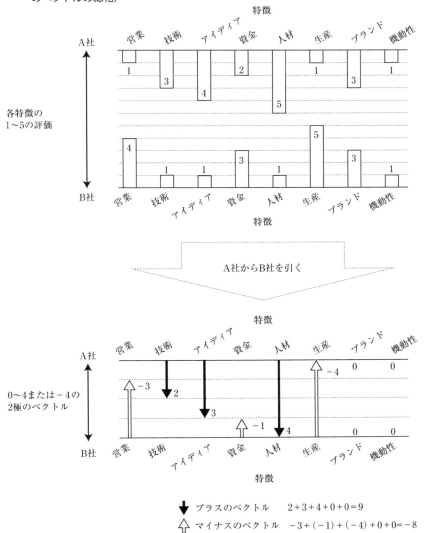

す数値となる。

　反対に，マイナスの2極のベクトルを示す負の整数の総和は，B社からA社への強みの提供を示しており，次のようになる。

　　-3+(-1)+(-4)=-8

　この-8という数字は，B社の強みがA社の弱みを補完している度合いを表す数値となる。

　この2つの数字のペア（9, -8）は，A社とB社の相互補完関係を表す数値となる。

　このように，1次元行列で各社の強みと弱みを表現した後，演算（引き算）をした結果の正の整数（プラスのベクトル）の総和と，負の整数（マイナスのベクトル）の総和の2つの数字が2社間の相互補完関係を示す数字のペアとなる。

　8つの特徴数で，5段階評価の場合のプラスとマイナスのベクトルの出現と強みと弱みの相互補完を示すプラスとマイナスの数字の導出は，前ページの図5のようになる。

2.3.6 ▶最大の強さの相互補完関係の状態

　ここで，2社間の最大の相互補完関係となる状態とはどのような状態かを考えてみよう。

　まず，相互補完関係が強いということは，強みと弱みの各特徴において，A社とB社の評点の差，つまり，プラスまたはマイナスの2極のベクトルの値が大きいときとなる。5段階評価での評点付けの場合，最大の長さのベクトルは4または-4となるため，最大の相互補完関係となる状態は，ベクトルの長さが4または-4のときとなる。

　次に，8つの特徴数（強み・弱みの評点を付ける項目の数）の場合，その半分の4つずつで，双方向に，最大の長さのベクトルが存在するときが，最も強い相互補完関係となっている状態である。その状態が，先に述べた正の整数（プラスのベクトル）の総和，並びに，負の整数（マイナスのベクトル）

の総和が最も大きな数字となる。

そのように考えると，8つの特徴数において，5段階評価の場合，最大の相互補完関係の状態となる2社の組み合わせは，8つの特徴数の半分の4つの特徴において，最も大きい数値である4または-4の長さのベクトルが双方向で存在するときとなる。

その相互補完関係のプラスとマイナスの整数（2極のベクトル）の組み合

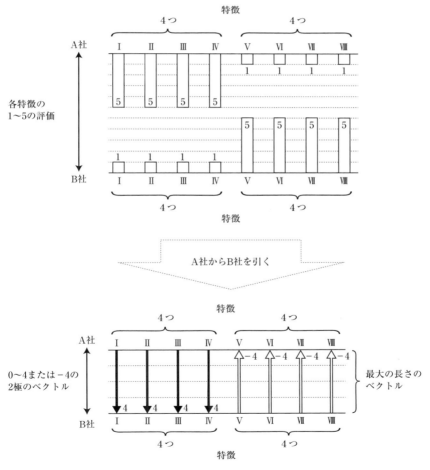

図6 最大の強さの相互補完関係の状態（4つずつ並ぶシンプルな配置）

第3章 アライアンスの相互補完モデルの構築

わせを求める式は，次の式となる。

(特徴数8/2) ×最大の長さ4または-4 = (16, -16)

この2つの数値 (16, -16) が，最大の強さの相互補完関係，すなわち，最大の相互補完強度を示す点となる。

図で表すと，前ページの図6のとおりである。

2.3.7 ▶強度をマキシマム・ポイントからの距離で数学的に表現

2次元のマップにおいて，最大の相互補完強度を示す点（「マキシマム・ポイント」と名付ける）をプロットすると，図7のようになる。

前述のA社とB社の相互補完関係を示す2つの数値の組み合わせ (9, -8) も，この2次元のマップ上にプロットしてある。各社の特徴付けを1次元行列で表し，差し引きして2極のベクトルで表現し，正の整数（プラスのベクトル）の総和と負の整数（マイナスのベクトル）の総和で表すことにより，あらゆる2社間の相互補完関係は，このように，2次元のマップ上の点で示すことができる。

ここで，本研究で提案するモデルでは，2社間の相互補完関係の強さを，最も強い相互補完強度の点からの距離で，数学的に表現することを考案した。

図7　アライアンスの2極の相互補完モデル

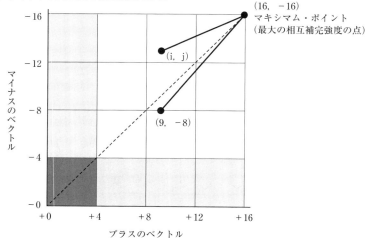

相互補完関係の強さを数学的にどのように表すかを検討した結果，最大の相互補完強度の点からの距離で，2社の企業間の相互補完関係の強さを表現できることに気がついた。このことが，本研究にて，相互補完数理モデルを構築することに成功した最大の要因である。

図7で示すように，A社とB社の強みと弱みの相互補完関係の強さは，その相互補完関係を示す（9, -8）の点と，最大の相互補完関係を示す（16, -16）の点の距離で，数学的に表現される。

図7において，（16, -16）の点が，最大の相互補完強度を示す点であるため，その点に距離的に近ければ近いほど，相互補完強度が強いということとなる。

そこで，この2点間の距離を求めることとなるが，数学の一般式として，2つの点の間の距離dは，次の式で計算できる。

$$d = \sqrt{(a_1 - b_1)^2 + (a_2 - b_2)^2}$$

最大の点（16, -16）の相互補完強度は，（0, -0）から（16, -16）の距離となるため，次の式で求められる。

$$\sqrt{(16-0)^2 + (-16+0)^2} = 22.63$$

最大の相互補完強度は，22.63となるため，特徴数8つで，5段階評点の場合の2社間の相互補完強度は，0～22.63の間の数値となり，数字が大きくなると相互補完強度が強いことを示す。この数値が最大のとき，相互補完強度が最大となる。

先に示したA社とB社の例の（9, -8）の相互補完強度は，どのようになるであろうか。上記の式に当てはめてみると，A社とB社の相互補完関係を示す（9, -8）の点と，最大の相互補完関係を示す（16, -16）の点との距離は，次の式で算出できる。

$$\sqrt{(16-9)^2 + (-16-(-8))^2} = 10.63$$

これにより，第一段階として，A社とB社の相互補完強度を数値として表すことができた。ただし，この計算式では，最大の点からの距離が小さければ小さいほど，相互補完強度が強いということになり，数値が小さければ小さいほど，相互補完強度が強いという表現となってしまう。それでは，指標としてわかりにくいため，第一段階として求められた2点間の距離の数値を最大の相互補完強度の数値から差し引くことで，数値が大きければ大きいほど，相互補完関係が強いとの表現となるように，インバートする。

　A社とB社の場合の相互補完強度の計算は，(9, -8) の点と (16, -16) の点との距離を求め，それを最大の相互補完の数値から引く形となり，次のようになる。

$$\sqrt{(16-0)^2 + (-16+0)^2} - \sqrt{(16-9)^2 + (-16-(-8))^2} = 11.99$$

　これにより，A社とB社の相互補完強度を求めることができた。

　2社間の相互補完関係を示す2つの数値を一般化して (i, j) とすると，相互補完強度 AS (i, j) は，次の式となる。この (i, j) も，図7でプロットしてある。

$$AS\,(i, j) = \sqrt{(16-0)^2 + (-16+0)^2} - \sqrt{(16-i)^2 + (-16-j)^2}$$

　このように，2社間の相互補完関係を示す (i, j) は，2次元のマップ上にプロットされ，その点と最大の相互補完強度を示す点（「マキシマム・ポイント」と名付ける）との距離で，その強度を数学的に表現され，それをインバートしたものを，相互補完強度を算出する式とする。

数学の基礎情報
２次元上のマップでの距離の算出と正規化

　数学が得意な読者は本書の第２部に出てくる数式の意味を理解できると思われるが，得意でない読者にとっては理解しにくいと思われる。ここで，各数式の成り立ちをできるだけわかりやすく述べる。

　各数式は難しいものではないので，解説を読んで理解し，読者なりにモデルを自由に変更したり，別の企業データで数値を算出したりしてみていただきたい。

　高校の数学で学習した内容となるが，２次元マップ上のＡ点とＢ点の２点間の距離ｄは，次の式で計算できる。

$$d = \sqrt{(a_1-b_1)^2 + (a_2-b_2)^2}$$

　つまり，Ａ点のＸ軸，Ｙ軸の数字を（a_1, a_2），Ｂ点のＸ軸，Ｙ軸の数字を（b_1, b_2）として表現した場合，上記の式に当てはめると，斜めの直線として示されるＡ・Ｂ間の距離ｄが算出できる。

　なお，このとき$(a_2-b_2)^2$は，マイナスの数値を引くことになるので，足し算することになることに注意が必要である。

　また，０～１の間に数値表現する正規化の方法は，全体を最大の数値で割ることによって行うことができる。つまり，

$$正規化した数値 = \frac{２社の組み合わせで求めた数値}{求められる可能性のある最大の数値}$$

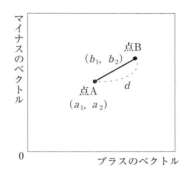

2.3.8 ▶ 相互補完強度と相互補完強度係数の数式化

　ここまでのように，2社間の相互補完関係は，1次元行列と2極のベクトルで表現され，その正の整数（プラスのベクトル）の総和と負の整数（マイナスのベクトル）の総和による2つの数字によって相互補完関係が示され，その点が2次元マップ上に示される。その点と最大の相互補完関係を示す点（マキシマム・ポイント）の距離で，2社間の相互補完の強度を数学的に表現することができる。

　このモデルにおける相互補完関係の強さを示す数値を「相互補完強度」（英語ではMutually Complementary Strength）と名付け，一般化した数式で表すと，次の【式1】のようになる。

アライアンスの相互補完強度ASの式【式1】

$$AS = \sqrt{\left(\frac{(s(max)-s(min))\times len(c)}{2}\right)^2 \times 2} - \sqrt{\left(\frac{(s(max)-s(min))\times len(c)}{2} - \Sigma plus\right)^2 + \left(\frac{-(s(max)-s(min))\times len(c)}{2} - \Sigma minus\right)^2}$$

なお，s(max)は評点付けの最大値，s(min)は評点付けの最小値，len(c)は評点付けの特徴数（項目数），Σplusは正の整数の総和，Σminusは負の整数の総和である。

　この数値を取り扱いやすいように，全体で割って，0～1の間の数字に正規化すると，計算式は下記【式2】となり，この式で求められる数値を「相互補完強度係数」（英語ではMutually Complementary Strength Coefficient）と名付ける。

アライアンスの相互補完強度係数ASCの式【式2】

$$ASC = 1 - \frac{\sqrt{\left(\frac{(s(max)-s(min))\times len(c)}{2} - \Sigma plus\right)^2 + \left(\frac{-(s(max)-s(min))\times len(c)}{2} - \Sigma minus\right)^2}}{\sqrt{\left(\frac{(s(max)-s(min))\times len(c)}{2}\right)^2 \times 2}}$$

なお，s(max)は評点付けの最大値，s(min)は評点付けの最小値，len(c)は評点付けの特徴数（項目数），Σplusは正の整数の総和，Σminusは負の整数の総和である。

　特徴数や評点付けが異なる設定での2社間のアライアンスの相互補完関係

を数値で比較する際，正規化する前の「相互補完強度」では，特徴数の違いにより，最大の相互補完関係の数値が異なってしまうため，比較がしにくい。そのため，0～1の間で表現されるように，正規化された「相互補完強度係数」のほうが，相互補完関係を示す数値として利用しやすいと考える。

以上のように，本研究で提案する相互補完数理モデルでは，2社の強みと弱みの特徴を，1次元の行列と2極のベクトルで数学的に表現し，そして，最大の相互補完関係を示す点からの距離で，相互補完関係の強さを数学的に表すこととし，上記のように，一般式で規定した。

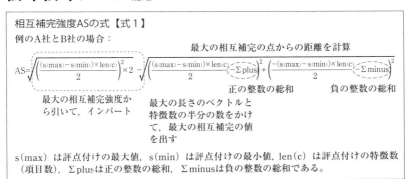

【式1】【式2】についての補足

相互補完強度ASの式【式1】
例のA社とB社の場合：

$AS = \sqrt{\left(\frac{(s(max)-s(min)) \times len(c)}{2}\right)^2 \times 2} - \sqrt{\left(\frac{(s(max)-s(min)) \times len(c)}{2} - \Sigma plus\right)^2 + \left(\frac{-(s(max)-s(min)) \times len(c)}{2} - \Sigma minus\right)^2}$

最大の相互補完強度から引いて，インバート　　最大の長さのベクトルと特徴数の半分の数をかけて，最大の相互補完の値を出す　　正の整数の総和　　負の整数の総和

最大の相互補完の点からの距離を計算

s(max)は評点付けの最大値，s(min)は評点付けの最小値，len(c)は評点付けの特徴数（項目数），Σplusは正の整数の総和，Σminusは負の整数の総和である。

相互補完数理モデルでは，何段階で評点付けするかを自由に設定することができるため，一般式では，どのような段階数での評点付けにも対応できるように，評点付けにおける最大の数値をs(max)とし，同じく最少の数値をs(min)として記述した。s(max)からs(min)を引くと，最大の相互補完のときのプラスとマイナスの数値が出てくることになる。

たとえば，このたびの筆者の博士論文や本書のように，5段階表示であればs(max)が5，s(min)が1となり，引き算をすると4となる。

同様に，当モデルでは特徴数も自由に設定することができるため，特徴数（企業の強み・弱みの評点付けをする項目数のこと）をlen(c)として記述した。たとえば本書における例のように特徴数が8つの場合，len(c)は8となる。本書の第2部で述べたように2社間の最大の相互補完の状態は，特徴数の半分ずつの特徴において最大のフロー・インテンシティのときとなるため，

len(c)÷2で，分母に2が入っている。
　右側の項が，2社の組み合わせの相互補完強度を計算するための部分となる。
　最大の相互補完の組み合わせ，すなわち特徴数8で，5段階評価の場合，(16，-16)から，プラスの2極のベクトルの総和（各特徴でのA社・B社の間の差し引きの結果の正の整数を足し合わせたもの）と，マイナスの2極のベクトルの総和（各特徴でのA社・B社の間の差し引きの結果の負の整数を足し合わせたもの）をそれぞれ冒頭で説明した2点間の距離を算出する式に当てはめて，2次元のマップ上の距離を算出する式となっている。
　最後に，本文で説明しているように，このままの状態であると，数値が大きければ大きいほど相互補完強度が小さく，数値が小さいほど相互補完強度が大きい表示となり，指標としてわかりづらい。
　そのため最大の相互補完の数値から，その組み合わせの強度をもう一度，引くことで，数値の大小の表現をインバートさせ，数値が大きければ大きいほど相互補完強度が大きく，数値が小さいほど相互補完強度が小さいという表示になるようにしている。

　次に，本文の【式2】について述べる。
　相互補完強度を正規化（0～1の間の数値で表現すること）するには，冒頭の基礎情報で述べたように，求めうる最大の数値で全体を割ることになる。ここでは左側の項が求めうる最大の数値を表すため，それを用いて割っている。その結果，同じ項で割っているので，左側の77の項は1となり，右側の項の分母に最大の相互補完の数値を求める項が入っている。

アライアンスの相互補完強度係数ASCの式【式2】

$$ASC = 1 - \frac{\sqrt{\left(\frac{(s(max)-s(min)) \times len(c)}{2} - \Sigma plus\right)^2 + \left(\frac{-(s(max)-s(min)) \times len(c)}{2} - \Sigma minus\right)^2}}{\sqrt{\left(\frac{(s(max)-s(min)) \times len(c)}{2}\right)^2 \times 2}}$$

最大値で全体を割り，0～1に正規化

なお，s(max)は評点付けの最大値，s(min)は評点付けの最小値，len(c)は評点付けの特徴数（項目数），Σplusは正の整数の総和，Σminusは負の整数の総和である。

第4章 フロー・インテンシティと フロー・バランスの概念の導入

2.4.1 ▶ フロー・インテンシティとフロー・バランスの概念の導入

　本研究では，経営資源の交換がアライアンスであるという，アライアンス研究における資源ベース理論（RBV）のフレームワークを発展させて，2社間の強みと弱みの相互補完が強ければ強いほど，アライアンスは成立しやすいと考えて，アライアンス成立のメカニズムを表現する数理モデルを構築してきた。この相互補完数理モデルの説明に，本章では，物理学におけるフローの概念や，人間関係におけるギブ・アンド・テイクの考え方を盛り込んで，解説したい。これは，冨田・武藤（2016b）として，査読論文の形で筆者が博士号の取得後に追加発表した内容である。そのため本章の一部分は，博士論文に冨田・武藤（2016b）を加味したものとなっている。

　ここまで，アライアンスの数理モデルの構築においては，物理学における磁石のN極とS極が引き合う力を示すスピングラス・モデルをイメージして構築してきた。

　しかしながら，スピングラス・モデルだけでは，2社間の引き合う力は説明できるものの，このモデルで説明付けようとしている，2社間が魅力を感じて引き合う関係性を説明するには，不十分である。

　そこで，物理学におけるフローの概念と，人間関係の研究におけるギブ・アンド・テイクの考え方を取り入れることとした。これまでの経営学における研究では，理論（ディシプリン）をまたぐことをタブー視して，資源ベース理論に他の理論を組み合わせることがなされていなかったために，アライアンスの数理モデル構築に至らなかったように思われるが，本研究では，既

成概念に捉われず，資源ベース理論に，物理学での広くベースとして踏まえられているフローの概念や，心理学分野の人間関係におけるギブ・アンド・テイクの社会的交換理論を組み合わせた。

　これにより，本章では，A社とB社の間の強みと弱みのやり取り（相互補完）の度合いを意味するフロー・インテンシティ（Flow Intensity）と，A社とB社の間の強みの提供と弱みの補完のバランスを示すフロー・バランス（Flow Balance）の概念を導入し，それら2つの用語を用いて，前章で説明した相互補完モデルの説明付けをさらに補強する。

　フロー・インテンシティとフロー・バランスを用いて，アライアンスの相互補完モデルを捉えると，企業間アライアンスにおいては，フロー・インテンシティが強く，かつ，フロー・バランスが保たれているときに，アライアンスは成立しやすいと説明できる。

　アライアンスをしようとする2社の関係性が，プラスもマイナスも2極のベクトルの数値が大きく，つまり，フロー・インテンシティが強く，双方のプラスとマイナスのフロー・バランスが保たれているときが，最もアライアンスに適している状態である。もしフロー・バランスが損なわれた場合は，2社間のアライアンスの関係は，安定性が損なわれることになる。

2.4.2 ▶ 相互補完モデルをギブ・アンド・テイクの考え方で説明

　前章で説明したように，冨田・武藤（2015, 2016b）およびTomita and Takefuji（2016a, 2016b）でも述べているように，企業の強みと弱みを，8つの特徴数で，1～5の5段階評価をした場合，A社とB社の関係性は，1次元のベクトルと2極のベクトルで表現できる。ここでは，8つの特徴を，営業力，技術力，アイディア力，人材力，生産力，資金力，信用力，組織の機動性としている。前章で提示した例をここで，ギブ・アンド・テイクの考え方，そして，フロー・インテンシティ，フロー・バランスの概念を導入して，図で示しながら，解説する。前章でも用いた，A社とB社の例を用いる。これは，冨田・武藤（2016b）にて述べられている。

　前述のとおり，A社とB社の強みと弱みの各特徴の評点付けは，1次元行列で表現され，その差し引きが2極のベクトルとして示されるわけだが，プ

図8 特徴数8つでの5段階評価の相互補完のA社とB社の例

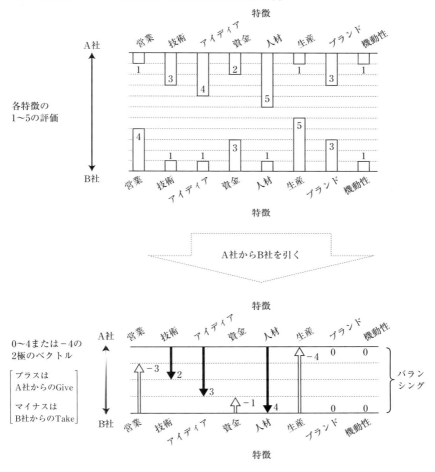

ラスのベクトルは，A社からB社への強みの提供，つまり，ギブ（Give）を示し，マイナスのベクトルは，A社がB社に提供してもらっている強み（弱みの補完），つまり，テイク（Take）を示す。0は，A社とB社の強みと弱みが同じで，A社からB社も，B社からA社も，強みの提供（Give）も獲得（Take）もなく，フロー・インテンシティがないことを表している。

相互補完モデルでは，B社の強みがA社の弱みを補完し，A社の強みがB

社の弱みを補完することが考え方のベースとなる。もし片方か両方の企業からの強みの提供（Give）が大きく，相手にとっての弱みの補完（Take）が大きければ，相互補完関係が強くなる。このことを，フロー・インテンシティの概念で説明すれば，相互補完関係が強いとき，つまり，ギブ（Give）とテイク（Take）のやり取りが大きいとき，フロー・インテンシティが強いと言い，反対に，相互補完強度が弱いとき，フロー・インテンシティが弱いと言うこととなる。

相互補完モデルでは，フロー・インテンシティが強ければ強いほど，アライアンスが成立しやすいと考える。

ただし，ギブ・アンド・テイクの考え方に基づき，片方の企業からのギブばかりで，相手先企業がテイクばかりだと，関係性はバーンアウトしてしまうことになる。すなわち，もう1つの概念としてフロー・バランスを考える必要があり，2社間におけるギブとテイクのバランスが重要になる。

相互補完モデルにおいては，プラスとマイナスの2極のベクトルが存在するとき，すなわち，ギブとテイクが双方向にあるとき，フロー・バランスが保たれている状態であり，アライアンスが成立しやすい。

このように，フロー・インテンシティとフロー・バランスを用いて，アライアンスの相互補完モデルを解説すると，企業間アライアンスにおいては，強みと弱みの相互補完のフロー・インテンシティが強く，かつ，フロー・バランスが保たれているときにアライアンスは成立しやすいと説明できる。

改めて，図で示すと，前ページの図8のようになる。

2.4.3 ▶アライアンスが成立しないパターン1： フロー・バランスが保たれておらず，一方的な関係性のとき

次に，2社間で，強み（アライアンスの相手先企業にとってのメリット）を提供し（Give），自社の弱み（アライアンスを行う企業のメリット）を補う（Take）にあたって，バランスが重要であるということについて，考えてみる。逆に言えば，どのようなときに，アライアンスが成立しにくい状況となるのかについて検討し，解説する。すなわち，このようにフロー・インテンシティとフロー・バランスという2つの概念を用いて，どのようなときにア

図9 アライアンスが成立しないパターン1-1：
　　A社からB社への一方的な強みの提供（B社からA社への強みの提供がない状況）

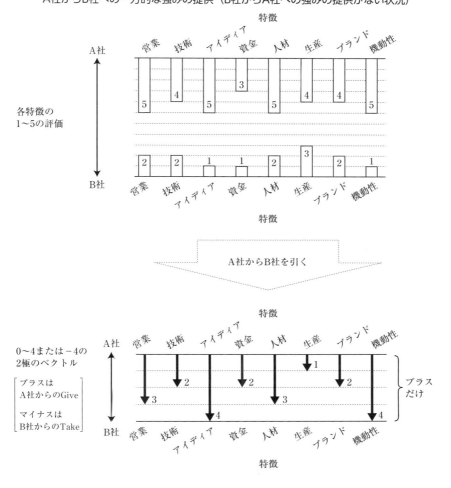

ライアンスが成立しないのかを説明する。

　図9のように，A社のそれぞれの特徴におけるスコアがすべて，B社のそれぞれの特徴におけるスコアより大きい状態を考えてみよう。

　このケースでは，A社はB社に対し，資源・メリットを一方的に提供するだけとなり，バランスが保たれていない。言い換えればA社からB社へのプラスの2極のベクトルが，一方的（ワンサイド）である。B社からA社への

第4章　フロー・インテンシティとフロー・バランスの概念の導入 | 107

アピール，強みの提供（Give）が何もない状態であり，こういうケースではアライアンスは成功しない。A社にとってB社には何も魅力がないのである。

このような状態が，アライアンスが成立しないパターン1となる。

片方の企業からギブばかり，片方の企業がテイクばかりとなると，相互補完の関係性は成り立たず，関係性はバーンアウトしてしまうのである。

図10 アライアンスが成立しないパターン1-2：
B社からA社への一方的な強みの提供（A社からB社への強みの提供がない状況）

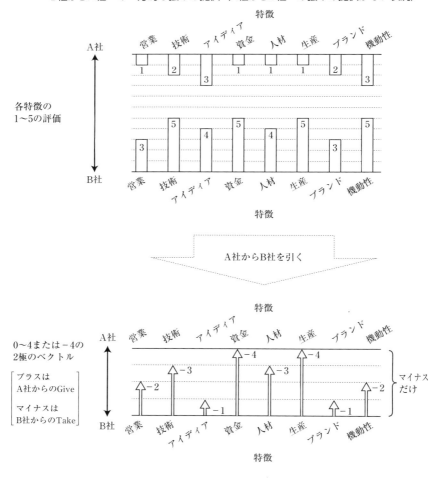

2社間で，相手先への強みの提供と，自社の弱みの補完のバランス，すなわちギブ・アンド・テイクのバランスが重要である。

図9のような状態，つまり，フロー・バランスが保たれていないときはアライアンスが成立しないのである。

逆もまた真なりでB社のスコアが，すべての特徴においてA社より大きい場合，B社だけが一方的にA社に対して強みを提供している状態になる。マイナスの2極のベクトルだけの，ワンサイドな関係性となる。つまりフロー・バランスが保たれておらず，A社からB社への強みの提供が何もないため，このケースではアライアンスは成立しない（図10）。

2.4.4 ▶ アライアンスが成立しないパターン2： フロー・インテンシティがないとき

図11のように，A社とB社のスコアがすべて同じ状況の場合，それぞれの企業にとって相互補完の恩恵がない。フロー・インテンシティというタームで説明すれば，A社とB社の強みと弱みがすべての特徴においてまったく同じ場合，フロー・インテンシティがゼロと言える。

この状況においてはアライアンスは成立しない。

このような状態が，アライアンスが成立しないパターン2となる。

以上のように，提案する相互補完モデルでは，プラスかマイナスかどちらかのベクトルしかなく，強みの提供が片方からの一方的な関係性の場合，アライアンスは成立しないと考える。なぜなら2社間の強みの提供（Give）と弱みの補完（Take）のバランス，すなわち，フロー・バランスが保たれていないからである。また，2社の評点付けがすべて同じでプラスやマイナスのベクトルがない状態もフロー・インテンシティがゼロであるため，アライアンスは成立しないと考える。この2つのパターンが，アライアンスが成立しない状態となる。

先に掲載した図7に示したように，プラスとマイナスの両方の2極のベクトルがあり，双方向の強み（Give）と弱みの補完（Take）が存在し，フロー・インテンシティがあり，フロー・バランスが保たれているときにアライアンスは成立しやすいと説明付けることができる。

図11 アライアンスが成立しないパターン2：
　　　2社の強み・弱みの評点がすべて同じ時（フロー・インテンシティがない状況）

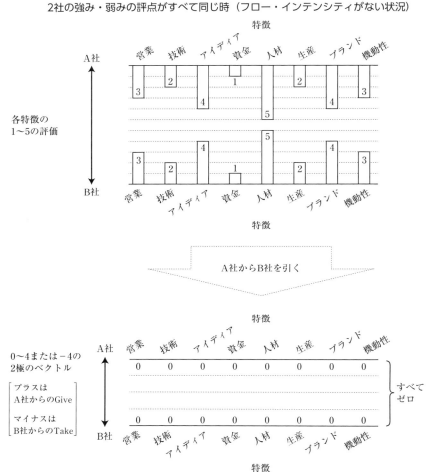

110 第2部　企業間アライアンスの相互補完数理モデルの提案と応用

2.4.5 ▶最大の相互補完関係の状態：
最大のフロー・インテンシティで，バランスが均衡しているとき

次に，アライアンスにおける2社間の最も強い関係性について考えてみよう。これは，前章でも解説したように，1～5の評点付けで，8つの特徴数の場合，8つの半分の4つずつの特徴数で，双方向で，取りうる最大の2極のベクトル4か-4の値となっている状態であり，2社の相互補完関係が（16, -16）のときとなる。

この最大の相互補完強度の関係となる状態は，フロー・インテンシティとフロー・バランスの概念を用いて説明すれば，最大のフロー・インテンシティの状態で，かつ，フロー・バランスが均等に保たれているときとなる。

図6では，最大の大きさのプラスとマイナスのベクトルが，右側から4つ，左側から4つの続いた順番で，シンプルに図解したが，実際は，図12のように，最大の大きさのプラスとマイナスのベクトルは，ランダムに8つの特徴のなかで，4つずつ存在する形となる。

このように，相互補完数理モデルでは，フロー・インテンシティが最大で，フロー・バランスが均等なときに，相互補完強度が最大になると捉える。

計算式としては，

図12 最大の相互補完強度となる状況（ランダムに配置）：
　　　最大の大きさの2極のベクトルが，特徴数の半分の数で，双方向で，存在するとき

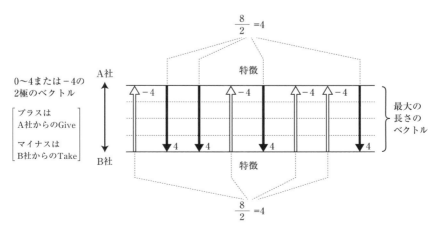

第4章　フロー・インテンシティとフロー・バランスの概念の導入

(特徴数8つ ÷ 2）×ベクトルの最大の長さ4 =（16, -16）

となる。

相互補完モデルでは，フロー・インテンシティが最大で，フロー・バランスが均等なときに，相互補完強度が最大になると捉える。

2.4.6 ▶相互補完モデルの図のグレーの部分の説明

図7で示されているように，原点に近い2つの軸に近い薄いグレーの部分は，2社間のバランスが崩れており，相互補完関係が弱く，アライアンスが成立しにくいゾーンとなる。さらには，原点から最大の強度の点への線（オプティマル・ライン）に対して，オプティマル・ラインから離れれば離れるほど，フロー・バランスが崩れており，すなわち，2社間のギブ・アンド・テイクのバランスが崩れている。本研究で提案するモデルでは，このインバランス（不均衡さ）は，アライアンスを成立しにくくしていると考える。

加えて，図7の原点により近い濃いグレーの部分は，フロー・インテンシティが弱く，原点に近づけば近づくほど，さらに弱くなっており，最大の点から原点に近いほど，よりインテンシティが弱い。原点では，フロー・インテンシティは，ゼロとなる。それゆえ，濃いグレーのゾーンは，相互補完関係が弱く，アライアンスがより成立しにくい。

2.4.7 ▶本章のまとめ

冨田・武藤（2015, 2016）およびTomita and Takefuji（2016a, 2016b）によって提案された企業間アライアンスの相互補完数理モデルの理論的な説明としては，これまで，資源ベース理論と磁石のN極とS極の引き合う力を示すスプリンググラス・モデルだけに基づいていた。

それでは相互補完モデルにおける2社が引き合う力を十分に説明できていなかったが，本書では，物理学におけるフローの概念と，人間関係において研究されてきたギブ・アンド・テイク（Give & Take）の考え方を導入し，フロー・インテンシティ（Flow Intensity）とフロー・バランス（Flow Balance）という2つのタームを用いて相互補完モデルの仕組みを理論的に説明した。

すなわちフロー・インテンシティがより強く，フロー・バランスが保たれているとき，企業間アライアンスは成り立ちやすいと結論付けた。アライアンスが成立しない2つのパターン，およびアライアンスが最も成り立ちやすい関係性についても，この2つのタームを用いて分類し，説明付けることができた。これにより，アライアンスの相互補完モデルの理論的な説明付けが，より強固なものになったと考えている。

　このように，物理学におけるフローの概念，そして人間関係におけるギブ・アンド・テイクの考え方を導入し，フロー・インテンシティとフロー・バランスの2つの概念を新しく用いることで2社間のアライアンスの相互補完関係を説明づけることができ，相互補完数理モデルの理論的背景をより強固にすることができたことが，本章の研究上の成果である。

第5章 152社のコンサルティング先企業データと評点付け方法

　筆者は，Python言語によって，この数式のモデルを実装した。2008年5月～2015年3月までのコンサルティング先企業152社の企業データを用いて，その152社のなかでアライアンスが成立した組み合わせとアライアンスが不成立となった組み合わせ，その152社同士のすべての組み合わせについて，相互補完強度係数を実際に算出した。この章では，本研究で用いた企業データの内容，そして，Python言語での算出結果について掲載する。

　経営学をはじめとする社会科学研究においても，医療などの自然科学研究においても，データセット作成のプロセスやその大きさの設定，測定の方法などについては，それらのデータを用いた多変量解析などの実証分析の結果の確からしさを担保するためにも重要である。データセット作成のプロセス自体についても，DeVellis（2012），Hinkin（1998），Hensley（1999），Pierre et al.（2009），Thanos et al.（2016）などにおいて，適切かつ妥当な手法について研究がなされてきている。しかしながら，本研究は，データを用いて実証する研究ではなく，企業間アライアンスのマッチング段階の成立メカニズムを示す数理モデルを提案することにあるため，データセットの構築のプロセスについては，簡素化して行っている。

2.5.1 ▶ 152社の企業データの内訳

　本研究において，分析対象として用いた企業データは，2008年5月～2015年3月にコンサルティングを行った152社間のみのものである。

　実際の筆者によるコンサルティングのアライアンス先の企業紹介では，コンサルティング先企業以外の企業でも，筆者が接点のある約5000社のなかか

らアライアンスが成立する可能性のある企業の紹介も行っており，その結果，コンサルティング先企業以外の企業とのアライアンスも多数，成立している。

しかし，コンサルティング先企業152社以外の企業については，公開されている情報およびミーティングなどにおいて入手した情報があるものの，強み・弱みの8つの評点項目について，コンサルティング先企業と同程度に，評価するだけの正確な情報を入手・整備できない状況にある。

それらの情報入手が不完全な企業を対象とする企業データとして盛り込んでしまうと，本研究の検証結果にゆがみが生じてしまう。そのため，本書においては，データを正確に入手・把握できている152社のコンサルティング先企業同士のアライアンス成立・不成立に限定して検証した。

本書で対象としたコンサルティング先企業152社の概要は，次のようなものとなっている[10]。

所在地としては，東京（23区）71％，首都圏13％，非首都圏（地方）16％，企業規模および業歴としては，上場企業（その子会社を含む）13％，業歴の長い中小企業40％，業歴の浅いベンチャー企業47％となっている。

業態としては，自社製品のメーカー17％，受託製造・加工・施工35％，販売・営業会社30％，士業・コンサルティング11％，また，IT系か否かについては，IT系40％，非IT系60％となっている。

売上高としては，10億円未満78％，10億円以上100億円未満15％，100億円以上7％，社員数としては，20名未満56％，20名以上100名未満32％，100名以上13％となっている[11]。

2.5.2 ▶ 当データの特殊性と有用性

当研究で用いた企業データは，一般には，公開されていない非公開のインフォーマル情報である。

---

10 ％は小数点以下第1位で四捨五入をしている。
11 初期の2008年～2013年くらいの約5年間は，中小ベンチャー企業のコンサルティングが中心であったため，調査期間の全期間の累積で見た場合には，この比率となる。最近の2013年～2015年の約2年間で見た場合には，東証1部上場企業を中心とした大手企業がコンサルティング先企業として急増しており，企業属性や売上高，社員数の内訳は時期によって変化している。

コンサルティング先企業から提出された資料や，ミーティング（経営者や社員が対象）でのアドバイスで得られた情報，提携先の紹介・アレンジメントで得られた情報などとして把握・収集された情報となる。すなわち，単なるアンケート実施の表層的な調査形態ではなく，筆者自らが事業活動に関与した参与分析の形態となっている。

　また，アライアンスのアレンジメントをする仲介者は，Gompers and Lerner（2000）では，ベンチャーキャピタリストと同じく，一般的に公表されていない企業の内部情報（財務面，技術開発面での今後の見通しも含む）を収集し，それを分析・評価し，情報生産をしている。この観点からも，既存の一般公表されているデータではなく，アライアンスの仲介者が情報生産した独自性のあるデータとなっている。

　牛丸（2006）では，経営学における定量的研究は，統計データが豊富な経済学研究とは異なり，データの収集に多大なる時間を要することを指摘している。本研究も，筆者が約7年間で実際にコンサルティングをした企業を検証データの対象としており，より内実を把握しているデータともなっている。そのため，データ分析の算出結果の検証において，具体性をもって，検討ができるという意味においても，有用なデータとなっている。

　当研究で用いた企業データは，筆頭著者が約7年間で実際にコンサルティングをした企業についての一般には公開されていない非公開のインフォーマル情報を含んでいる点に特色がある。

　本書で用いたデータは，コンサルティング先企業から提出された資料や，ミーティング（経営者や社員が対象）でのアドバイスで得られた情報，提携先の紹介・アレンジメントで得られた情報などとして把握・収集された情報となっている。単なるアンケート実施の表層的な調査形態ではなく，論文執筆者自らが事業活動に参与した参与分析の形態となっている点に特徴がある。

　また，多くのアライアンスの先行研究が，株式市場に上場をしているような大手企業を対象とした研究となっている。たとえば，Doz and Hamel（1998）やYasuda（2003）および安田（2006, 2010, 2015, 2016）も，対象を大手企業[12]

12　株式市場に上場しているような相対的に売上規模が大きい企業（おおよそ売上300億円以上）と筆者は定義する。

としているが，本書では中小企業も対象としていることが特色の1つとなっている。

2.5.3 ▶ アライアンスの組み合わせの範囲の限定

　筆者によるコンサルティングの実務における企業紹介では，コンサルティング先企業以外の企業のなかからマッチする企業の紹介も行い，アライアンスが成立している。

　しかし，コンサルティング先企業152社以外の企業については，公開されている情報およびミーティングなどにおいて入手した情報があるものの，コンサルティング先企業と同じように評価するだけの正確な情報を入手・整備できない状況である。

　それら，情報入手が不完全な企業をデータとして盛り込むと，本研究の検証結果にゆがみが生じてしまうため，本書においては，データを正確に取れる152社のコンサルティング先企業同士のアライアンス成立・不成立に限定して検証した。

　本書での152社の企業データにおけるアライアンス成立の組み合わせは121件，アライアンス不成立の組み合わせ30件となった。152社と152社の間のすべての組み合わせ22952件（152×152-152）についても算出し，比較対象とした。

　筆者は，おおよそ4000社以上の潜在的なアライアンス候補先企業とのリレーションを有しており，それらのコンサルティング先企業以外の企業も，152社のコンサルティング先企業に対して，紹介を行っている。それらのコンサルティング先企業以外の企業は，非常に数も多く，8つの特徴について，表層的な評価しかできない。筆者によるコンサルティング先企業への紹介業務においては，コンサルティング先企業以外の企業とのアライアンスが成立しているケースも当然，存在する。しかし，それらの紹介した企業については，入手可能な情報が限られており，正確でない場合もあり，データセットをゆがめてしまうため，本研究の対象とするデータから除外した。

　コンサルティング先企業の実証データは，2008年5月から2015年3月までの間のデータであり，それらのコンサルティング先企業に対して，コンサル

ティングで関与された期間は，最も短い場合で2カ月間，最も長い場合で3年間である。コンサルティングの期間，すなわち，アライアンスのアレンジメントを行っていた間に，各企業の評点付けが変わることもあるが，トータルの期間を総合的に判断して，評点付けを行っている。

2.5.4 ▶ 強み・弱みの8つの特徴の選定

　強みと弱みについて，この研究では，8つの特徴を用いている。このことは，第3章においても説明したが，ここで再度，補足しておきたい。①営業力が強いか弱いか，②技術力が高いか低いか，③アイディア創出力が強いか弱いか，④資金力があるかないか，⑤人材が豊富か否か，⑥生産力が豊富か否か，⑦ブランドや信用があるかないか，⑧組織の機動性があるかないか，である。152社のコンサルティング先企業について，筆者は，8つの特徴について，1～5段階（強み・弱みが最も強いときが5，最も弱いときが1）で，評点付けをした。後述もするように，評点付けにおける主観性の問題を解決するために，評点付けのプロセスにおいて，それぞれの特徴について4つずつのクライテリアを設けて，それらを総合するステップを踏んで，評点付けを行った。加えて，ほかのもう1人のコンサルタントが同じ方法で，評点を付けて，その比較検討によって，評点を決めた。

　152社の企業についての強み・弱みの評点付けについては，前述のとおり，冨田（2014）で紹介されたアライアンスの機能別のパターンで関係している項目とするとともに，本研究の理論的背景としている資源ベース理論（RBV）での経営資源の分類を意識して，設定した。

　5段階評価の方法を採用した理由は，日本においても，米国をはじめとする諸外国においても，学校の成績評価は5段階が用いられており，最も馴染み深い評点付け方法であるためである。

　本研究で提案するモデルの特徴数は，自由に決められるため，特徴数は，8つである必要はない。事実，付録1に掲載しているように，最初のモデル構築においては，特徴数4つで行っている。

　ここで8つの特徴とした理由としては，Yasuda（2003）および安田（2006, 2010, 2016）において，アライアンスは経営資源の交換であり，5つの経営

資源として，①技術資源，②販売資源，③生産資源，④人材資源，⑤資金資源であるとされているため，まず，この５つを採用した。

加えて，Das and Teng（1998b）において，信用の大切さが述べられているため，信用・ブランドを追加し，また，Chesbrough（2003）や米倉・清水（2015）で，オープン・イノベーションにおけるアイディア獲得の重要性が述べられているため，アイディア力を追加した。さらには，Hamel and Prahalad（1994）にて，アライアンスをする理由として，スピードアップと組織としての学習効果が述べられているため，組織の機動性を追加した。これら３つを追加し，合計８つを企業の強みと弱みの評価付けの特徴数とした。

2.5.5 ▶ 評点付けにおける主観性排除への対応

経営学の研究においては，その研究結果の妥当性を担保するために，そもそもの研究の素材となるデータの正確さが大切となり，そこにおいては，客観性が求められる。

本研究で用いているデータは，コンサルティング先企業152社について，８つの項目について，筆者が中心となって，強み・弱みの評点付けを行った形となっている。すなわち，評価を付けている者の主観性という問題が残る。そのため，できる限り，評価者の主観性を排除するために，次の２つの方策を講じた。

１つ目の方策としては，強み・弱みについての８つの各項目の評点を付けるにあたり，各項目を構成する４つの項目を因子としてさらに作成し，それらの４つの項目で評価付けをしたうえで，それらを取りまとめる形で，最終的な各特徴における評点付けを決めるというステップを踏んだ。

たとえば，営業力があるということは，どういうことかという項目として，営業マンの数が多い，営業マンが生き生きしているなどの基準，また，資金力があるというのは，財務数値としてどういう状態かを判断する基準を因子として作った。これらについては，本書の付録２として，その内容を掲載している。

強みと弱みの８つの特徴ごとの評価にあたって設けた４つずつのクライテリア（因子）の概要は，次ページの表２のとおりである。より詳細なクライ

テリアの内容については，本書の付録2として掲載している。

次に，2つ目の方策としては，1人だけでなく，もう1人別のコンサルタントも，同じように評点を付け，その比較から総合して，会社組織として評点を決定した。

なお，コンサルティング期間は，数カ月程度から4年程度の幅はあるが，コンサルティング開始時点で付けた評価を，その後のコンサルティングのなかでわかった情報を踏まえ，最終的に，2015年4月時点での評点とした。

このように，強み・弱みの8つの項目での5段階評価の評点については，筆者の属する会社のもう1人の担当者の評価と照らし合わせて，2人の協議のうえ，評点を決定する方式を採用し，また，8つの各項目について4つの観点での評価基準をつくることで，できる限り主観性を排するための方策を行った。しかし，当然ながら，完全に主観性が排除されているわけではない。

ここで留意するべきは，本研究は，アライアンスのための数理モデルを提案することを目的としていることである。あくまで，この企業データは，本研究のモデル構築のために用いたデータに過ぎず，日本企業全体や世の中の企業を代表するものではない。

相互補完強度や相互補完強度係数は，それぞれの評点付けに基づいて算出されているため，当然，評点の付け方や評点付けのスコアが変われば，算出された数値も変わってくる。評点付けによって，算出された相互補完強度および係数も影響を受ける。むしろ，あえてバイアスをかけた評点付けとして，試してみることもできよう。将来的には，評点付けの仕組みを変えることも，本研究の発展のためには，必要となろう。

本研究の目的は，アライアンスの数理モデルを提案して，それをプログラミングで実装し，実際のデータで機能するか否かを確認することにある。あくまで，ここで用いたデータは，データの一例に過ぎないことに留意されたい。

2.5.6 ▶アライアンス成立・不成立のカウントの定義と件数

本研究における企業データでのアライアンスの成立・不成立のカウントにおいては，「アライアンスの成立」は，「企業紹介をして，それら2社間にて，事業・サービスの構築や新製品開発，既存事業の拡大，新規取引（受注・販

表2 強みと弱みの8つの特徴の評点付けにおける4つの因子（クライテリア）の概要

1. 営業力	2. 技術力
1. 営業マンがアクティブかどうか	1. ユニークな独自の技術を有しているか
2. 営業マネジメントができているか	2. 技術力のレベルが高いか低いか
3. 営業マンの数が多いか少ないか	3. 特定領域で長く培っている技術があるか
4. 経営者自身が営業が得意か否か	4. 研究開発部門が充実しているかどうか
3. アイディア創出力	4. 資金力
1. 自由に新しいアイディアを出せる環境にあるか	1. 使用できる資金量が豊富かどうか
2. アイディアを出せる人が多いか少ないか	2. 自己資本比率が高いか低いか
3. 継続してアイディア出しを行っているかどうか	3. 資金調達力があるかどうか
4. アイディア出しができる仕組みを有しているか	4. 営業利益率が高いか低いか
5. 人材力	6. 生産力
1. 従業員数が多いか少ないか	1. 工場設備が大きいか小さいか
2. 人員が余剰しているか不足しているか	2. 工場での作業員が多いかどうか
3. 人材採用力が高いか低いか	3. 生産工程でのノウハウを有しているか
4. 人材紹介や派遣の免許を持っているかどうか	4. ファブレス企業の方針であるかないか
7. ブランドや信用	8. 組織の機動性
1. 上場企業や上場企業の子会社であるかどうか	1. 新しいことに挑戦する体質であるか
2. 業歴が長いか短いか	2. 議論ばかりでなく、実行する社風か
3. 売上規模が大きいか小さいか	3. 年功序列であるかどうか
4. ブランディングに力を入れているかどうか	4. 外部と組もうという雰囲気があるか

売)，営業協力・販売代理などのメリットを感じて，なんらかの話し合いが前に進んだ場合」としてカウントし，「アライアンスの不成立」は，「まったく前に進まなかった場合」としてカウントした。

　本研究の目的・意義は，アライアンスの初期であるマッチングの段階まで，アライアンス研究を拡大し，その段階でのアライアンス成立のメカニズムを数学的に表現し，発展可能なモデルを提案することにあるため，本書におけるアライアンス成立の定義は，「企業紹介をして，それら2社間にて，事業・サービスの構築や新製品開発，既存事業の拡大，新規取引（受注・販売），営業協力・販売代理などのメリットを感じて，なんらかの話し合いが前に進んだ場合」と定義し，また，「まったく前に進まなかった場合」を不成立と定義した。また，同様に，マッチングとは，「企業と企業がアライアンスの契約締結や共同での事業構築などのために話し合いをし始めること」と定義する。

あくまで，アライアンスの最初の段階であるマッチングのフェーズを研究しているため，まずは，話し合いが進み始めたか否かで，アライアンスの成立をカウントすることとした．

　日本においては，アライアンスの成立において，必ずしも，アライアンスの契約締結に限定することは適当ではない．契約主義が強い米国においてや，大企業同士のアライアンスにおいては，アライアンスとして成立するには，通常は，双方が目的を遂行するために契約を取り交わすことがある．それゆえ，アライアンスが成立する要件としては，厳密には契約の締結がなされた時点，あるいは，アライアンスによって成果として，新規事業が構築されたり，既存事業が拡大されたりして，売上や利益を双方が享受できた時点と捉えることもできる．

　しかしながら，本書の検証する企業データは，業歴の長い中小企業や業歴の浅いベンチャーを多く含んでおり，また，日本の商慣習のなかにおいては，必ずしも，アライアンスにおいては，契約締結を行わないことが散見される．口頭での合意だけで，アライアンスが進むこともあり，文書でアライアンス契約が締結されなくとも，アライアンスが成立したと把握することが適切なケースも存在する．アライアンス契約ではなく，単に紹介料やマージンの支払いの契約だけでアライアンスが行われていくこともある．日本における商習慣では，そのような手法でアライアンスが行われることもあり，アライアンスの成立において，フォーマルな契約締結が必ずしも要求されているわけではない．日本のビジネス社会の風土が，米国のような契約主義でないことにも考慮して，アライアンスの契約締結をアライアンス成立の要件とはしていない．

　さらには，本研究は，第1章でも述べたように，提携先の探索，契約締結，協働での事業構築，提携先企業との関係の調整，売上・利益の享受といったアライアンスのプロセスのなかで，最初の段階の提携先の探索やマッチングの段階を研究対象としているため，アライアンス成立のカウントでは，仲介者が紹介をした後，話し合いが，なんらか進捗したことを成立の要件とした．

　152社のコンサルティング先企業データにおいて，121件の成立したアライアンスの組み合わせ，そして，30件の不成立となった組み合わせが存在する．

表3　成立したアライアンスと不成立となったアライアンスの数

分類	数
成立したアライアンスの数	121
不成立となったアライアンスの数	30
すべての組み合わせの数（全体）	22952（152×152−152）

　加えて，152社同士において，すべての組み合わせとして，152×152-152で，22952の組み合わせが存在し（「全体」と呼ぶこととする），それら，全体についても，検証した。なお，152社間での企業紹介の成立率は，80.1%，不成立率は19.9%である。

　アライアンスにおいては，水平統合と垂直統合という分類の仕方がある[13]。水平統合は，同じ分野で企業同士が提携することによって，その分野での価値をさらに向上させたり，営業協力などを行って事業拡大をしたりするタイプのアライアンスである。他方，垂直統合は，研究開発をする企業と生産を担う企業が提携して，新製品開発を完成させるといったタイプのアライアンスである。本研究で用いた企業データには，それら両方が含まれている。

　当該データにおけるアライアンス成立のなかには，本書の冒頭でのアライアンスの定義には合致しない一般的な取引（契約獲得や受注，売買取引など）が含まれていることを注記しておきたい。これらの一般的な取引は，2社を引き合わせている仲介者の存在がなければ，それら企業は取引をしていないことになる。これは，市場での取引の補完をアライアンスのアレンジメントを行っているコンサルタントが，仲介者としての役割を担っていると言えよう[14]。

13　下山弘一「アライアンスの2つの形。垂直統合・水平統合」，2002年，NPO法人・ITコーディネータ京都のWebサイトの掲載を参考にした。

14　アライアンスの仲介者の果たしている機能については，ベンチャーキャピタル研究におけるGompers and Lerner（2000）でのプリンシパル・エージェント理論による分析（ファンドの出資者とベンチャーキャピタリストの関係，投資先企業の経営者とベンチャーキャピタリストの関係を研究）やベンチャーキャピタルの情報生産の機能分析を応用させることができよう。エージェントである仲介者（アライアンスのコンサルタント）とプリンシパルであるコンサルティング先企業との関係の説明付け，エイジェンシー・コストやモラル・ハザード，利益相反の問題の解消についても，今後の研究対象となろう。

第6章 相互補完強度係数の Python言語での算出と検証

2.6.1 ▶ Python言語による提案したモデルの実装

　第4章で提案した相互補完モデルをオープン・ソースのプログラミング言語であるPython言語で実装し，第5章で紹介した152社のコンサルティング先企業データを用いて，実際にアライアンスの相互補完強度係数を算出した。

　本モデルは，Python言語で実装しなければならないわけではないが，Python言語は，高い自由度を持っているため，利便性が高く，表計算ソフトのExcelで算出を行うよりも，モデル構築や計算が容易であった。また，近年，急速に普及しているため，スクリプトをオープン・ソースとして公開して，幅広く，多くのユーザーに利用してもらうにあたっても，適していると考え，Python言語を本研究の実装するツールとして採用することを決めた。

　事実，オープン・ソースのプログラミング言語の自由さのおかげで，試行錯誤をしながら，フレキシブルなモデルとして，提案するモデルを構築することが可能となった。

　なお，経営学の学界においては，これまで，Stataのような統計分析のソフトウエアが利用されることが一般的であったが，Python言語への関心が高まりつつある。本研究は，Python言語を経営学分野の研究に用いた先駆的な研究であると言える。

2.6.2 ▶ 成立した組み合わせと不成立となった組み合わせの相互補完強度係数の分布

　提案するモデルをPython言語で実装し，そのスクリプトによって，相互補

図13　アライアンス成立の相互補完強度係数の分布のグラフ

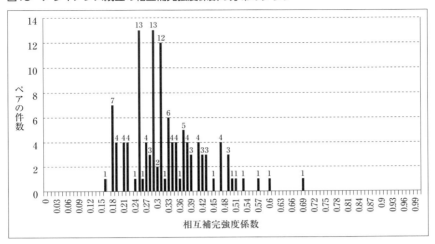

図14　アライアンス不成立の相互補完強度係数の分布のグラフ

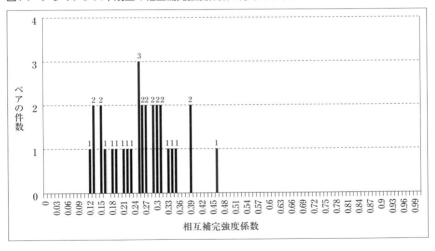

完強度係数を実際に算出した。

　アライアンスが成立した組み合わせ（121件）の相互補完強度係数の0.05刻み（区切りの数値は未満。以下，同じ）での分布は，図13のとおりである。また，アライアンスが不成立となった組み合わせ（30件）の相互補完強度係

図15 アライアンス成立と不成立の相互補完強度係数の分布を重ねたグラフ

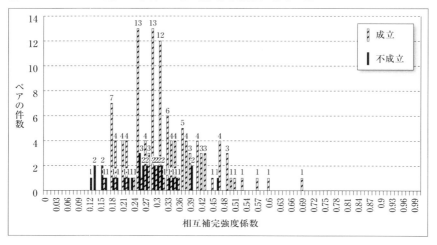

数の0.05刻みでの分布は，図14のとおりである。

さらに，アライアンス成立と不成立の相互補完強度係数の0.05刻みでの分布を重ねたグラフが図15である。

アライアンス成立・不成立の相互補完強度係数のグラフの分布（図13，14，15）では，全体的に，アライアンスが成立した組み合わせは，アライアンスが不成立となった組み合わせよりも，高い相互補完強度係数として分布している。相互補完関係が強いとき，すなわち，相互補完強度係数が大きいときに，アライアンスが成立しやすいというモデルの正当性を確認できた。

これを，さらに152社と152社すべての組み合わせの相互補完強度係数の分布と重ね合わせたグラフは，図16である。組み合わせすべての全体の分布は，正規分布に近い形状となっているように見える。ただし，評点付けが変われば，当然，この係数の分布は変わってくる。

すべての組み合わせ（以下，「全体」と呼ぶ）の相互補完強度係数よりも，アライアンス成立の組み合わせの係数は大きい方向に偏りが見られ，他方，アライアンス不成立の組み合わせについては，より低い係数の方向に偏っていると読み取れる。

ここにおいても，相互補完関係が強いとき，すなわち，相互補完強度係数

図16 成立・不成立・全体の相互補完強度係数の分布のグラフ

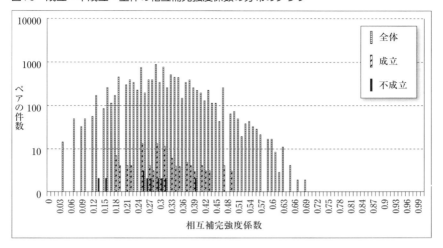

が大きいとき，アライアンスが成立しやすいという，提案するモデルの正当性が確認できた。

2.6.3 ▶ 成立・不成立・全体の相互補完強度係数の平均

次に，アライアンスが成立した組み合わせと，アライアンスが不成立となった組み合わせの相互補完強度係数の平均による比較を行ってみたい。

全体の相互補完強度係数の分布は，図15に掲載したとおりであるが，全体の分布は，正規分布に近い形状となっている。そのため，ここでは，成立・不成立・全体の比較において，平均を用いることとした。このグラフでの分布を見てみると，成立の組み合わせは，全体よりも，数値が大きい方向に分布している傾向があり，他方，不成立の組み合わせは，全体の分布よりも，数値が小さい方向に分布する傾向が読み取れる。

平均を計算してみると，表4に示すように，121件の成立したアライアンスの組み合わせの相互補完強度係数の平均が0.3180，30件の不成立となったアライアンスの組み合わせの相互補完強度係数の平均が0.2538である。152社間のすべての組み合わせの相互補完強度係数の平均が0.2997となっている。そのほかのパターンの平均の数値も，表4に掲載したとおりである。グラフ化

表4　成立・不成立・全体などの相互補完強度係数の平均

	相互補完強度係数の平均
アライアンス成立	0.3180
アライアンス不成立	0.2538
全体	0.2997
全体－成立	0.2995
全体－成立－不成立	0.2996
全体－不成立	0.2998

図17　成立・不成立・全体などの相互補完強度係数の平均

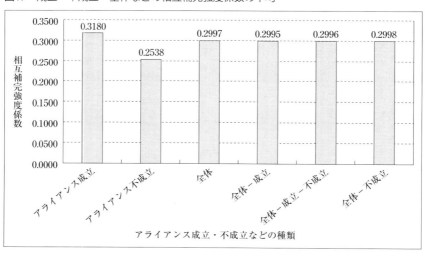

すると図17となる。

　表4および図17のように，成立したアライアンスの係数の平均は，アライアンスの不成立の係数の平均よりも，大きい数字となっており，さらに，全体の係数の平均よりも，大きな数字となっている。

　このように，アライアンスが成立した組み合わせのほうが，不成立となった組み合わせよりも，2社間の相互補完強度係数がより大きい。2社間の相互補完関係が強いときに，アライアンスが成立しやすいという相互補完モデルの正当性が確認できた。

　ただし，アライアンスが成立した組み合わせの係数と，不成立となった組

み合わせの係数に大きな差がないのは，アライアンスの仲介者たるコンサルタントが，企業紹介にあたって，相互補完関係があるだろうという想定のもと，企業紹介を行っているためと考える。相互補完強度係数の成立と不成立の分布では，不成立となったアライアンスの組み合わせでも，大きな数値となっているものもあるが，その理由も同様である。

2.6.4 ▶ 成立・不成立・全体の評点の実数による検証

　以上のように，相互補完強度係数による検証をしてみたが，さらに相互補完強度および係数にすることの有用性の検証をしてみるために，評点の実数での分析結果についても見てみることとした。

　相互補完強度は，双方のペアの評点の差し引きであるため，実際，絶対値としての評点の総数（総合点）が高い企業，つまり，強みをトータルで多く持つ企業のほうが，アライアンスがより成立しやすくなっているか否かについて，検討した。逆に，アライアンスが不成立となった組み合わせの企業は，トータルとして評点の数が小さかったか否かも確認してみた。

　図18は，アライアンス成立・不成立・全体の組み合わせの片方の企業の総合点（8項目で最大5点のため，最大値は40点）の分布を示している。アライアンスが成立した組み合わせの企業も，アライアンスが不成立となった組み合わせの企業も，すべての組み合わせのなかに納まった分布となっている。アライアンスが不成立となった組み合わせの企業の総合点は，成立した組み合わせよりも，多少，低い数字となっていることが読み取れるものの，特段際立った特徴は見られない。

　図19は，アライアンス成立・不成立・全体の組み合わせの両方の企業の総合点（8項目について最大5点で，2社のため，最大値80点）の分布を示している。このグラフの分布からは，片方の企業や両方の企業の評点の総合点からは，アライアンス成立・不成立についての意義ある結論は導き出せなかった。

　このように，各企業の強みの総合点の実数からは，明確な見解は導き出せず，やはり，相互補完関係性を重視してみるべきだと考える。すなわち，相互補完関係は，片方からの強みの提供と片方からの強みの提供の均衡性・対

図18 成立・不成立・全体の各企業評点の総合点（満点40点）

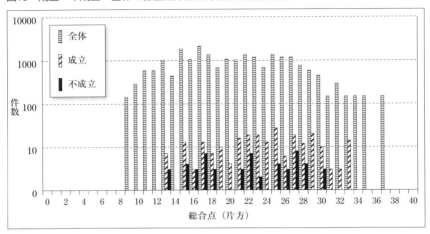

図19 成立・不成立・全体の2社のペアの評点の総合点（満点80点）

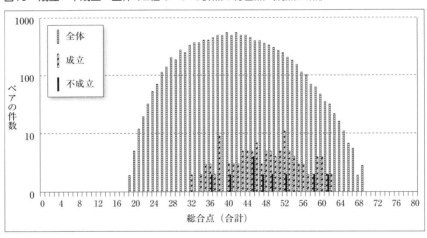

称性，片方からだけでなく，両方の企業がそれぞれ強みを提供して，相手の弱みを相互補完しているかどうかという互恵性を勘案することが重要であるため，実数ではなく，本研究で提案している数理モデルのように2社間の評点付けを演算によって2極化した形で把握することが望ましいと考える。

2.6.5 ▶ 相互補完強度係数の外れ値に関する検討

アライアンスの成立・不成立の相互補完強度係数の分布のなかで，特徴的な数値となっている組み合わせの内容（どの企業とどの企業か）を検討してみた。

その結果，アライアンスが成立したもののなかにも，全体のなかでも低い係数のものがあるが，これは，既存事業とは，まったく異なる分野や必要となる経営資源が異なる事業内容での新規事業立ち上げのためのアライアンスの場合であることがわかった。つまり，既存事業をメインとした8つの観点での評点付けでの相互補完での分析をすると，相互補完関係が低いという結果となっていることがわかった。

新規事業の事業構築の場合には，既存事業に基づく企業の評価付けではなく，新規事業として取り組もうとしている事業内容に基づいた評点付けを別途行って，その評点付けに基づいて，検証する必要があることがわかった。

また，相互補完強度係数の成立・不成立・全体の各組み合わせの平均・最大値・最小値・中央値・最頻値は，次の図20のとおりである。

図20 成立・不成立・全体の相互補完強度係数の平均値・最大値・最小値・中央値・最頻値

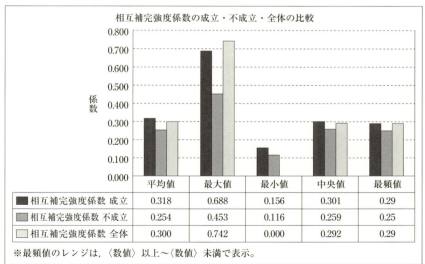

	平均値	最大値	最小値	中央値	最頻値
相互補完強度係数 成立	0.318	0.688	0.156	0.301	0.29
相互補完強度係数 不成立	0.254	0.453	0.116	0.259	0.25
相互補完強度係数 全体	0.300	0.742	0.000	0.292	0.29

※最頻値のレンジは，〈数値〉以上〜〈数値〉未満で表示。

いずれの数値においても，成立が不成立よりも大きい数字となっており，不成立は全体よりも小さい数字となっている。

2.6.6 ▶ 複数の潜在的なアライアンス候補先からの最適なパートナーの選択への利用

　ここまで，提案してきたアライアンスの相互補完モデルによって算出できる相互補完強度係数の比較によって，複数の選択肢から相互補完の観点で適切なアライアンス先を選択したり，3社から2社の最適な相互補完の組み合わせを選択したりする意思決定を行うことができる。

　ここでは，このモデルを用いることによって，複数の潜在的なアライアンス候補先のなかから，最適なアライアンス先を選択してみたい。これは，本モデルを記述したPython言語のスクリプトを用いて提案したモデルの応用となる。

　提案したモデルを利用すれば，アライアンスの形成において，複数の選択可能な企業の組み合わせがあるときに，相互補完関係がより強い候補先企業を選択することによって，最適なアライアンスを形成することができる。相互補完強度および係数をすべての組み合わせについて算出し，それを用いて，アライアンスにおける最適な組み合わせがどれであるかが判断できるようになる。

　たとえば，3つの企業，I社，J社，K社があり，それぞれについて，8つの特徴について，1～5段階の評点付けがされているとする。それらの企業は，次のように1次元行列で，表現できる。

$$i = (1, 3, 4, 2, 5, 1, 3, 1)$$
$$j = (4, 1, 1, 3, 1, 5, 3, 1)$$
$$k = (3, 5, 2, 4, 2, 3, 5, 4)$$

　これらの3社の企業について，選択可能な組み合わせであるI社とJ社，I社とK社，J社とK社について，1次元行列を相互に差し引きして，相互補完強度関係の強さを算出する。これらの関係については，次のような式によっ

て，求められることとなる．

　　x = i - j
　　y = i - k
　　z = j - k

　Python言語による算出結果として，x，y，zの相互補完強度およびその係数の数値は次のようになる．

　　相互補完強度x（= i - j）　　　　　　= 11.99
　　相互補完強度係数x（= i - j）　　　　= 0.530

　　相互補完強度y（= i - k）　　　　　　= 11.22
　　相互補完強度係数y（= i - k）　　　　= 0.496

　　相互補完強度z（= j - k）　　　　　　= 9.025
　　相互補完強度係数z（= j - k）　　　　= 0.398

　この数値に従って考えてみると，I社は，J社かK社かの比較では，xがyより大きいため，I社はJ社を最適なアライアンス先企業として選択するべきと判断できる．

　　x ＞ y ＞ z

　同じように，J社にとっては，I社とK社を比べた場合，xがzよりも大きいため，J社としては，I社を最適なアライアンス先企業として選択するべきであると判断できる．
　同様に，K社にとっては，I社とJ社を比べた場合，yがzよりも大きいため，K社にとっては，I社が最適なアライアンス先企業として選択するべきであると判断できる．

さらには，3社のなかでの最適なアライアンスの組み合わせの決定としては，xが，yやzよりも大きいため，I社，J社，K社のなかでは，I社とJ社が3つの組み合わせのパターンのなかで最適な組み合わせであると判断できる。
　このように，複数の潜在的なアライアンス候補先企業のなかから，本書で提案した数理モデルを用いて，相互補完強度係数を算出し，その数値を比較することで，最適なアライアンス先企業を選択することができる。すなわち，3社のアライアンス候補先企業のなかから，数理モデルによって係数を算出することで，ほかにも選択できるオプションがある場合に，2社の間で，どの組み合わせが双方にとって適しているかを決定づけることができるわけである。
　提案するモデルの利用方法としては，さらに，mの数の潜在的な候補先企業から，アライアンス先企業nの数の最適なアライアンス先企業を選択するということにも，応用できるであろう。

2.6.7 ▶ 相互補完モデルの応用可能性

　本書で提案した相互補完数理モデルは，強み・弱みの評点付けができる企業データには応用可能であり，このモデルの応用可能性は広いと考えられる。
　今後，当研究とは違う企業データ，たとえば，TOPIXや日経225，S＆P500などの株式インデックスに含まれる上場企業データなどで，本書で提案した数学モデルに当てはめ，各企業の特徴付けをする項目を決めて，評価付けを行い，アライアンスの相互補完強度係数を算出することによる実証研究を行うことができる。
　また，本書では企業間のアライアンスの問題を取り扱っているが，このたび構築した相互補完モデルは，新規事業のチームの構築や建設などの現場での作業チームの構築などの人事の分野，つまり，人と人の組み合わせにも適用可能である。たとえば，結婚についても夫婦間の相互補完が強いほうがよい結婚になるとの前提であれば，結婚紹介事業などにおいても，当モデルを活用可能である。
　さらには，国と国の同盟関係についても，各国のさまざまな側面について，強み・弱みの評点付けをすれば，応用可能である。たとえば，日本の戦国時代

の同盟関係や第二次世界大戦の同盟関係が相互補完の観点から見た場合，本当に適切なものであったかを検証することが可能となる。これからの国際的な同盟において，経済面や軍事面などで，どの国とどの国がアライアンスをするのがよいのかという選択の場面で，当該数理モデルは科学的な示唆を与えてくれるであろう。

そういった企業間提携以外の分野においても，本研究で提案した数理モデルが活用・応用されていくことが期待できる。

2.6.8 ▶ 相互補完モデルの限界

ここで提案するアライアンスの相互補完モデルは，いくつかの限界を有している。次のような限界がある。

(1) 相互補完モデルでは，2社間の相互補完関係が最も強い状況は，双方からの特徴数（企業の評価付けの強み・弱みの項目の数）の半分ずつの数で，最大の長さのベクトルが双方に提供されているときに，最大の相互補完関係となると設定する。すなわち，特徴数の半分の特徴からの最大の大きさの双方向の強みの提供から，最大の相互補完強度を求めることとしている。そのため，特徴数が偶数であれば，2で割れるため，すぐに利用できるが，特徴数が奇数になる場合には，ダミー項目としての特徴を1つ追加し，特徴数を偶数にする対処が必要となる。あるいは，特徴数が奇数で，このモデルを利用する場合には，2つのマキシマム・ポイントが存在することを理解しなければならない。そして，その2点間が線形（リニアー）であると想定して，平均を取る形で，相互補完強度を求めることが可能である。特徴数が7つのケースの相互補完強度係数の算出の仕方について，付録3に掲載している。

(2) 相互補完強度およびその係数は，あくまで，各特徴の評点に基づいて算出されるため，評点の付け方次第で，相互補完関係についての評価が変わり，算出される相互補完強度および係数が左右される。評点付けを今後より一層工夫していくことにより，より精度を高めることができるであろう。

(3) 実際のビジネスの推進においては，2社の経営者同士や社員同士が意気投合して事業に取り組めるかといった相性もアライアンスの成立・不成立

に影響を与えることが考えられる。そういった経営資源以外の目に見えない要素については，ブランド・信用力や機動的な組織風土が企業評価の8つの特徴に入っているが，2社間の考え方やカルチャーなどの相性については，加味されていない。本書で提案したモデルはフレキシブルなものであり，ユーザーは自由にパラメーターや評点付けなどを変更することができるようになっている。今後は，パラメーターを変更するなどしてモデルを進化・発展させていくことが必要である。

(4) 冨田（2004）で示された7つのアライアンスのタイプのうち，強いエリアが異なる企業同士の地域的補完や営業エリア（日本国内の地域別や海外）が異なる企業のアライアンス，インターネット販売やインターネットでの販売を行っている会社と行っていない会社のアライアンスは，相互補完数理モデルでは，取り扱えていない。このタイプのアライアンスは，引き算で演算する相互補完ではなく，足し算になるためである。これについては，第7章にて，加算モデルとして追加する。

(5) 外部企業とのアライアンスによって新規事業を立ち上げようとする意欲（やる気）や，事業を拡大させようという意欲の強弱によって，アライアンスによる事業推進がうまくいくかどうかが決まってくる面があり，重要な要因であるが，そういった意欲の面が加味されていない。そういった意欲については，相乗モデルとして，第8章にて，相互補完モデルとして追加する。

本研究は，(4)のように加算モデルを追加して発展させるとともに，(5)のように相乗モデルを追加して発展させ，それにより，「アライアンスの相互補完・加算・相乗モデル」として完成させた。

2.6.9 ▶ 相互補完モデルのまとめ

第3章にて，企業の強みと弱みを1次元行列と2極のベクトル，そして，最大の相互補完の地点からの距離で表す相互補完数理モデルを構築し，第4章にて，フロー・インテンシティおよびフロー・バランスの概念を用いて説明した。そして，第5章で紹介した152社のデータを用いて，第6章にて，提案する数理モデルを，Pythonで実装し，実際の企業データを使って，相互補

完強度および係数を算出した．それにより，提案した相互補完数理モデルの正当性が確認できた．

　すなわち，提案するモデルによって，アライアンスを行う2社間のアライアンス成立のメカニズムを数学的に表現することが可能となった．また，アライアンスを行う2社間の相互補完関係を2次元のマップ上の点で表現し，数値として演算可能となった．さらには，アライアンスは相互補完が強いときに成立するとのモデルの考え方の正当性を確認することができた．

　このように，企業間アライアンスの相互補完関係を表す数理モデルを構築し，2社間の関係性を数値として，演算可能（コンピューテイショナル）にしたことが，本モデルを構築・提案した成果である．

第7章 モデルの発展1：アライアンスの加算モデルの構築と検証

2.7.1 ▶ 相互補完数理モデルの未対応部分

アライアンスの機能別にみると，冨田（2014）に示されているように，次の7つに分けられる。
(1) 技術開発力（アイディア力）のある企業と営業力のある企業
(2) 新規事業のシーズ[15]のある企業とシーズはないが資金が余っている企業
(3) 技術系企業同士[16]の製品開発の技術補完
(4) 開発力のある企業と生産力を持っている企業
(5) 人が余っている企業と人の足りない企業
(6) 営業先が共通の企業同士の営業先の共同利用
(7) 強いエリアが違う企業同士の地域的補完

冨田・武藤（2015）およびTomita and Takefuji（2016a, 2016b）では，これらのパターンのうちの（1）～（5）に該当するものをアライアンスの相互補完数理モデルにて取り扱ったが，本書では，それらの論文で取り扱えなかった（6）および（7）についてアライアンスの相互補完・加算モデルとして盛り込むこととし，モデルを発展させる。

営業力がある・ないについては，相互補完関係となるが，営業力のとくに営業エリアについては，足し算（加算）と考えられる。そのため，相互補完モデルには盛り込むことができていなかった。

---
15 新規事業の事業構築のもとになるアイディア，企画，新技術などを指す。
16 技術を用いて製品を開発・製造するメーカーや，技術を競争優位のメインとしている企業のことを指す。

図21　アライアンスの相互補完・加算モデル

　営業エリアが異なる企業同士のアライアンスは，相互補完のようにも見えるが，地域的な補完性は，相互補完モデルでの差し引き（引き算）ではなく，加わっていく足し算となる。
　アライアンスの相互補完・加算モデルは，図21のように，相互補完モデルに加算モデルを加える形となる。
　なお，本書の第7章と第8章の内容は，冨田・武藤（2016）で，主として掲載された内容となっている。
　相互補完モデルまでの段階については，冨田・武藤（2015）およびTomita and Takefuji（2016a, 2016b），本書の第3，4，5，6章では，152社の企業についての強み・弱みの評点付けについては，先に述べたように，①営業力がある・なし，②技術力がある・なし，③アイディア力がある・なし，④資金力がある・なし，⑤人材がいる・いない，⑥生産力がある・なし，⑦ブランド・信用がある・なし，⑧機動的な組織風土である・ないという8つの項目（特徴）について，1〜5の5段階評価を行っており，加算モデルの構築においても，後述の相互補完・加算・相乗モデルにおいても，そのまま踏襲した。
　繰り返しとなるが，ここで用いている企業データや評点付けの仕方については，マッチング数理モデルを構築するにあたって，データの一例として用いており，この評点付けが実態を表すにあたって，絶対的なものではない。

2.7.2 ▶ 日本国内の地域，ネット販売，海外販売

　本研究で取り上げている152社の企業について，日本国内において，都道府県を次の5つに分け，各企業が営業展開をしている地域か否かの評価付けを行った。地域分類は以下となる。①首都圏（東京，神奈川，埼玉，千葉），②関西エリア（京都，大阪，兵庫，奈良，滋賀），③東海エリア（愛知，岐阜，静岡，山梨，長野），④北陸エリア（石川，福井，富山，新潟），⑤そのほか

地域（①～④に含まれていない地域すべて）。

　加えて，インターネット販売をしているかどうかの有無を，152社について判別をした。インターネット販売については，Webでのプロモーションだけでなく，Web上での受注をしているかどうかで判断をした。

　さらに，海外での営業展開をしているか否かでの判別も行った。海外での営業展開については，商社などを通じてではなく，直接的に自社で海外営業をしているか否かで判断をした。

　152社の企業について，該当するエリアについては，表5の配分でスコアをカウントした。すなわち，営業展開をしているエリアは1，していないエリアは0を入れ，1については，配分されたスコアが加算されることとした。重なっているエリアについては，営業力としては割り引くとの考え方もできるが，やはり，営業力については加算になるとの考えから，加算されていく形とした。

表5　営業エリアとインターネット販売の加算スコア（本研究で用いた一例）

	首都圏	関西エリア	東海エリア	北陸エリア	その他地域	ネット販売	海外
県内総生産（単位：百万円）（名目，平成24年度）	161,673,053	74,231,964	67,805,216	20,587,764	175,860,233	－	－
全国のなかでの比率	32.3%	14.8%	13.6%	4.1%	35.2%	－	－
モデル構築のために整数に単純化したスコア	8	4	3	1	9	12	5
	日本国内のスコアの合計：25					※首都圏とのバランスでの今回の規定	

2.7.3 ▶ 加算モデルの評点の付け方

　前述のように，日本国内5区分，インターネット販売の有無，海外販売の有無の7つの観点で，そのエリア・手法にて行っているか否かで区分をしただけでなく，各エリア・手法の重み付けを行って，相互補完・加算モデルとしてのスコアを付けた。相互補完・加算モデルにおける各エリアおよび手法のスコアは，前述の図6（97ページ参照）のとおりである。

　日本国内については，各エリアの営業エリアとしての重要さをなんらかの形で把握することが必要であり，人口や面積などでウエイトを付けることもで

きるが，ここでは，内閣府が公表している県別の県内総生産（名目，平成24年度）を用いて，①〜⑤の各地域の重みを算出して，各地域のスコアを規定した。エリア分けにおいては，このたび用いた企業データのなかで，営業展開している企業が少ない北海道や九州は，その他エリアに含めた。逆に，当該データには金沢など，北陸企業が相対的に多く含まれていたため，北陸エリアは，エリア分けにおいて，取り上げた。また，インターネット販売のスコアと海外販売のスコアについては，首都圏のスコアとのバランスを勘案して，各手法のスコアを規定した。ここで，ウエイト付けを行いやすくするため，32.3%，14.8%，13.6%，4.1%，35.2%を割りやすい整数4で割って，便宜上，ウエイト付けを1桁の整数とする丸め計算を行ったことを付記しておく。

　加算モデルにおいて，加算スコアの算出のためのベースとするデータを何にするか，各エリアの分け方をどのようにするか，ネット販売と地域エリアとのウエイトのバランスをどのようにするかは，今後，このモデルを利用するユーザーが自由に変更・調整可能である。

2.7.4 ▶相互補完・加算モデルの数式化

　このような営業展開しているエリアおよび手法によってスコア付けをしたものを，本書の第3章〜第6章で提案された相互補完数理モデルに，加算モデルとして追加した。

　相互補完モデルへの追加にあたり，相互補完モデルでの1つの項目に割り当てられている数値を，最大の相互補完強度を項目数（特徴数）で割ることで算出し，その1つの項目に割り当てられた数値の何倍の重みで，加算モデルを相互補完モデルに追加するかを，ad（w）として規定することとした。

　そのうえで，A社とB社のアライアンスにおいて，A社の加算スコア（営業展開エリアのスコアのこと）の合計〔Σ area（a）〕とB社の営業展開エリアのスコアの合計〔Σ area（b）〕を加算した。それを加算スコアの最大値で割り，当該組み合わせの加算モデルに配分された点数の何%を，相互補完モデルに足し合わせるのかを計算した。

　アライアンスの相互補完・加算モデルの式は次ページのとおりとなる。この式によって求められる数値を，アライアンスの加算値と呼ぶこととする。

アライアンスの相互補完・加算モデルの加算値APの式【式3】

$$AP = \sqrt{\left(\frac{(s(max)-s(min))\times len(c)}{2}\right)^2 \times 2} - \sqrt{\left(\frac{(s(max)-s(min))\times len(c)}{2}-\Sigma plus\right)^2 + \left(\frac{-(s(max)-s(min))\times len(c)}{2}-\Sigma minus\right)^2}$$

$$+ \frac{\sqrt{\left(\frac{(s(max)-s(min))\times len(c)}{2}\right)^2 \times 2}}{len(c)} \times ad(w) \times \frac{\Sigma area(a)+\Sigma area(b)}{\Sigma area(t)}$$

なお,s(max)は評点付けの最大値,s(min)は評点付けの最小値,len(c)は評点付けの項目数(特徴数),Σplusは正の整数の総和,Σminusは負の整数の総和,Σarea(a)はA社の営業エリアの加算スコアの合計,Σarea(b)はB社の営業エリアの加算スコアの合計,ad(w)は相互補完強度の算出の一つの項目の何倍の重みで加算モデルを追加するかを規定する数値,Σarea(t)は営業エリアの加算スコアの最大値である。

　上記の【式3】で求められるアライアンスの加算値を,相互補完モデルの最大値に加算モデルの最大値を足し合わせた相互補完・加算モデルの最大値で割り,0～1の間の数値となるように正規化した数値を,アライアンスの加算係数と呼ぶこととする。

　アライアンスの加算係数を算出する式は,次ページ【式4】のとおりである。

　たとえば,冒頭の例のX社とY社について,地域および手法の評点が下記だったとする。(首都圏,関西,東海,北陸,その他,ネット,海外)について,該当すれば1,該当しなければ0と,1次元行列にて表示する。

　　A社　(1, 1, 0, 0, 1, 0, 1)
　　B社　(1, 0, 0, 1, 0, 1, 0)

各エリアの配分は,(首都圏,関西,東海,北陸,その他,ネット,海外)=(8, 4, 3, 1, 9, 12, 5)であるため,A社の加算スコアは26,B社の加算スコアは21で,この組み合わせの加算スコアは47となる。

　ネット販売を,この加算モデルの構築・算出において,含めないということもできるが,今日,ネット販売の能力は,非常に重要になっており,また,このたびの企業データのなかには,ネット販売を得意とする企業がいくつも含まれていたため,加算スコアの項目として追加し,相対的に大きめのウエイトとした。この配点も自由に変更可能である。

> **アライアンスの相互補完・加算モデルの加算係数APCの式【式4】**
>
> $$APC = \frac{S + A}{T_{(AP)}}$$
>
> $$S = \sqrt{\left(\frac{(s(max)-s(min)) \times len(c)}{2}\right)^2 \times 2} - \sqrt{\left(\frac{(s(max)-s(min)) \times len(c)}{2} - \Sigma plus\right)^2 + \left(\frac{-(s(max)-s(min)) \times len(c)}{2} - \Sigma minus\right)^2}$$
>
> $$A = \left(\frac{\sqrt{\left(\frac{(s(max)-s(min)) \times len(c)}{2}\right)^2 \times 2}}{len(c)} \times ad(w)\right) \times \frac{\Sigma area(a) + \Sigma area(b)}{\Sigma area(t)}$$
>
> $$T_{(AP)} = \sqrt{\left(\frac{(s(max)-s(min)) \times len(c)}{2}\right)^2 \times 2} + \frac{\sqrt{\left(\frac{(s(max)-s(min)) \times len(c)}{2}\right)^2 \times 2}}{len(c)} \times ad(w) \times \frac{\Sigma area(t)}{\Sigma area(t)}$$
>
> なお、s(max)は評点付けの最大値、s(min)は評点付けの最小値、len(c)は評点付けの項目数（特徴数）、Σplusは正の整数の総和、Σminusは負の整数の総和、Σarea(a)はA社の営業エリアの加算スコアの合計、Σarea(b)はB社の営業エリアの加算スコアの合計、ad(w)は相互補完強度の算出の一つの項目の何倍の重みで加算モデルを追加するかを規定する数値、Σarea(t)は営業エリアの加算スコアの最大値である。

　同じく、海外での営業展開も、加算モデルの構築・算出において含めないということもできるが、昨今、日本国内市場の成熟化・縮小に伴い、海外での販売を伸ばそうとする企業も増えており、その面で、海外での営業展開をすでに行っているか否かは、企業の強み・弱みの判定において、意味があると考え、加算モデルの項目として追加した。削除して、日本国内だけで検討することも可能である。

　ここでの例としているA社とB社における加算モデルにおけるad（w）を3として、加算値を実際に計算すると、18.43となる[17]。また、それを正規化

---

[17] 加算値APの計算は次のようになる。まず、Ⅳの相互補完モデルの解説に掲載しているように、相互補完強度の最大値は、sqrt（(16-0)^2 + (-16+0)^2）で計算でき、正確には22.627416998となる。四捨五入で22.63、切り捨てで22.62となり、このA社・B社の相互補完強度は13.68となる。この相互補完強度13.68をもとに加算値を計算することになり、

した加算係数は0.5924となる[18]。

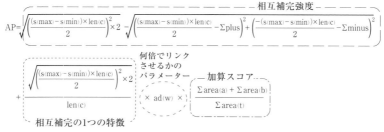

【式3】【式4】についての補足

加算モデルにおける加算値APの算出式
アライアンスの相互補完・加算モデルの加算値APの式

$$AP = \sqrt{\left(\frac{(s(max)-s(min))\times len(c)}{2}\right)^2 \times 2 - \sqrt{\left(\frac{(s(max)-s(min))\times len(c)}{2} - \Sigma plus\right)^2 + \left(-\frac{(s(max)-s(min))\times len(c)}{2} - \Sigma minus\right)^2}}$$

$$+ \frac{\sqrt{\left(\frac{(s(max)-s(min))\times len(c)}{2}\right)^2 \times 2}}{len(c)} \times ad(w) \times \frac{\Sigma area(a) + \Sigma area(b)}{\Sigma area(t)}$$

なお、s(max)は評点付けの最大値、s(min)は評点付けの最小値、len(c)は評点付けの項目数（特徴数）、Σplusは正の整数の総和、Σminusは負の整数の総和、Σarea(a)はA社の営業エリアの加算スコアの合計、Σarea(b)はB社の営業エリアの加算スコアの合計、ad(w)は相互補完強度の算出の1つの項目の何倍の重みで加算モデルを追加するかを規定する数値、Σarea(t)は営業エリアの加算スコアの最大値である。

この式では相互補完モデルに，どのように加算モデルを連結させるかがポイントになる。

まず，2社の組み合わせの最大の相互補完強度の数値を特徴数で割ると，相互補完モデルにおいて1つの特徴数に割り当てられた最大のスコアが算出される。

それに対し，何倍のウエイトで加算スコアを追加するか決めるパラメーターとしてad（w）を設定している。ad（w）の数値を1にすれば，相互補完モデ

例としているA社，B社の地域の評点は，
　　A社　（1, 1, 0, 0, 1, 0, 1）
　　B社　（1, 0, 0, 1, 0, 1, 0）
としており，地域ごとの配点を（8, 4, 3, 1, 9, 12, 5）と設定しているため，A社=26，B社=21で，加算スコアは47になる。この加算スコアを，加算モデルの式に当てはめると，
AP = 13.68 + 22.62/8 * 3 * 47/84 = 13.68 + 4.75 = 18.43 となる。これによって，加算値が求められる。

18　加算値の最大値は，T（AP）=22.62 + 22.62/8 * 3 * 84/84 = 31.11 となるため，例のA社・B社の加算係数は，18.43/31.11 = 0.5924となる。

ルの特徴の1つと同じウエイトで加算モデルのスコアを追加していることになり，数値を3にすれば，相互補完モデルの1つの特徴に割り当てられたスコアの3倍の重みで加算モデルのスコアを相互補完モデルにリンクしている。

なお，本書における加算モデルの実証ではad（w）は3で設定している。

次に，加算モデルのスコアの算出としては，A社が営業している各エリアに割り当てられた配点を足し合わせたもの（Σ area（a）と記述）と，B社が営業している各エリアに割り当てられた配点を足し合わせたもの（Σ area（b）と記述）を足している。

それによって，A社とB社がアライアンスをした場合の営業エリアを示すスコアとなる。それを，すべての営業エリアのスコアを足し合わせたもの（Σ area（t）と記述）で割ることによって，A社とB社の加算スコアが最大の加算スコアに対する比率（割合）を算出できる。

その比率を先に述べた相互補完モデルの1つの特徴に割り当てられた点数に，何倍でリンクさせるかのad（w）を掛けたものに掛け合わせると，A社とB社の加算モデルにおけるスコアが算出される。最後にその数値を相互補完強度に足すと，相互補完・加算モデルにおける加算値が算出される。

本文における【式4】である加算係数の算出式は，最大の相互補完・加算モデルの数値で全体を割ると，相互補完・加算モデルの数値が0～1の間の数値に正規化される。それを加算係数と名付けている。

2.7.5 ▶ 152社の企業データについてのPython言語での演算結果

上記の式におけるad（w）については，本研究では3として，相互補完・加算モデルの数値（ここでは，加算値と呼ぶ）をPython言語によって算出を行った。

152社の企業データにおけるアライアンス成立の組み合わせ（152社と152社の間にて，121件存在）とアライアンス不成立の組み合わせ（同じく30件存在）のアライアンスの加算係数のグラフは，図22である。また，アライアンス成立・不成立・全体の加算係数の平均，最大値，最小値，中央値，最頻値については，表6のとおりであり，そのグラフは，図23である。

図22 アライアンス成立・不成立の加算係数の分布

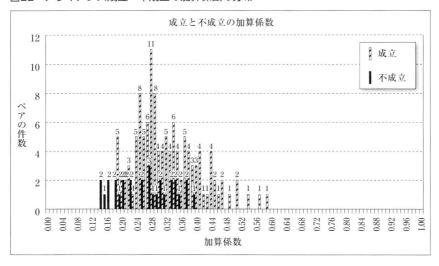

表6 加算係数の成立・不成立・全体の平均，最大値，最小値，中央値，最頻値

	加算係数		
	成立	不成立	全体
平均	0.319	0.254	0.208
最大値	0.582	0.390	0.608
最小値	0.181	0.136	0.036
中央値	0.300	0.262	0.283
最頻値	0.28	0.27	0.28
最頻値件数	11	3	693
最頻値個数	1	1	1
データ数	121	30	22952

　以上のように，アライアンスの加算係数を算出することができた。これにより，アライアンスの相互補完・加算の数理モデルが機能することが確認できた。

　相互補完で説明付けられるアライアンスの機能別パターンだけでなく，営業エリア（インターネット販売の有無も含む）の足し合わせとなるアライアンス成立のメカニズムを，数理モデルに組み込むことができた。

図23　加算係数の成立・不成立・全体の比較

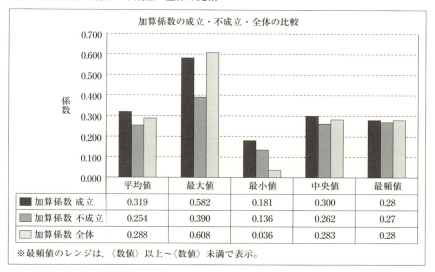

2.7.6 ▶ 相互補完・加算モデルのまとめ

　第3章〜第6章で提案されたアライアンスの相互補完数理モデルで盛り込むことができていなかった営業エリアが足し算となる観点の加算モデルを，第7章で追加することができた。Python言語で実装し，その数理モデルの正当性を確認できた。これにより，営業エリアの加算を数理モデルとして表現し，その数値（加算値および加算係数）を算出することが可能となった。

第8章 モデルの発展2：アライアンスの相乗モデルの構築と検証

2.8.1 ▶ 相乗モデルの追加〜意欲の重要性と影響

次に，アライアンスによる事業展開に対する意欲をモデルに取り入れることとする。

筆者は，外部企業とのアライアンスによって新規事業を立ち上げようとする意欲や，事業を拡大させようという意欲の強弱によって，アライアンスによる事業推進がうまくいくかどうかが決まってくる面があると考える。

本書で提案されたアライアンスの相互補完数理モデルでは，意欲の面が加味されていないが，2社間において行われるアライアンスにおいては，その成立に向けて，片方の企業に意欲があっても，もう一方の企業に意欲がなければ，アライアンスの成立が難しくなると推測される。両方の企業に意欲があれば，さらに成立がしやすくなると推測され，逆に，両方の企業に意欲がなければ，アライアンスは成立がさらに困難になる。

相互補完モデルによる数値（アライアンスの相互補完強度）に加算モデルの数値（アライアンスの加算値）を足し合わせたものに，意欲の重み付けをかけることにより，意欲に関する要素を数理モデルに取り入れ，アライアンスの相互補完・加算・相乗モデルを構築する。図に表すと図24のようになる。

図24　相互補完・加算・相乗モデル

2.8.2 ▶ 相乗モデルでの評点の付け方

152社の企業について，アライアンスによる新規事業展開への意欲を0点～100点で，評点を付けた[19]。このたびの152社の意欲の評点付けの平均は，62.8点となっている。

意欲のなかには，売上拡大への意欲，新規事業構築への意欲，外部とのアライアンスへの意欲といった多少異なる角度からの意欲が存在するが，事業展開を前向きに推し進めようとする意欲，とくに，アライアンスによる新事業展開への意欲という観点をメインに評点付けを行った。

意欲の強弱の重み付けとしては，3パターンを試してみた。すなわち，意欲によっての増減が2割の0.8～1.2のレンジ，4割の0.6～1.4，6割の増減する0.4～1.6のレンジである。これらのレンジにおいては，0～100点での評点付けの50点が1となる。

これらの重み付けでの相乗モデルの追加を行った。

2.8.3 ▶ 相互補完・加算・相乗モデルの数式化

相乗モデルについては，アライアンスの相互補完モデルに加算モデルを足し合わせたものに，重み付けをかけることになるため，算出する一般的な数式は【式5】のように表現できる。なお，この式によって求められる数値をアライアンスの相乗値と呼ぶこととする。

そして，アライアンスの相乗値を，0～1の間の数字となるように，相互補完強度の最大値と加算値の最大値を足し合わせたものに，最大の意欲の重み付けであるmot（w）をかけた数値で割ったものを，アライアンス係数と呼ぶこととする。算出式は，次の【式6】のようになる。

たとえば，前述のA社とB社の例において，各社の意欲がA社＝90，B社＝40とすると，各重み付けの相乗値を算出すると下記となる。

---

19 これについても，前述のとおり，筆者の所属する会社の別の者も評価付けを行い，その比較により，総合的に会社組織として決定した。意欲の評点の付け方において，バイアスがかかるとの懸念もあるだろうが，むしろ，バイアスをかけて評点付けをしてみることも，今後の研究課題として試してみることも必要になろう。

アライアンスの相互補完・加算・相乗モデルによる相乗値AMの式【式5】

$$AM = \left(\sqrt{\left(\frac{(s(max)-s(min)) \times len(c)}{2}\right)^2 \times 2} - \sqrt{\left(\frac{(s(max)-s(min)) \times len(c)}{2} - \Sigma plus\right)^2 + \left(\frac{-(s(max)-s(min)) \times len(c)}{2} - \Sigma minus\right)^2} \right.$$

$$\left. + \frac{\sqrt{\left(\frac{(s(max)-s(min)) \times len(c)}{2}\right)^2 \times 2}}{len(c)} \times ad(w) \times \frac{\Sigma area(a) + \Sigma area(b)}{\Sigma area(t)} \right) \times \frac{mot(a)}{100} \times mot(w) \times \frac{mot(b)}{100} \times mot(w)$$

なお，s(max)は評点付けの最大値，s(min)は評点付けの最小値，len(c)は評点付けの項目数（特徴数），Σplusは正の整数の総和，Σminusは負の整数の総和，Σarea(a)はA社の営業エリアの加算スコアの合計，Σarea(b)はB社の営業エリアの加算スコアの合計，ad(w)は相互補完強度の算出の一つの項目の何倍の重みで加算モデルを追加するかを規定する数値，Σarea(t)は営業エリアの加算スコアの最大値，mot(a)はA社の意欲のスコア，mot(b)はB社の意欲のスコア，mot(w)は意欲の重み付けの度合いである。

アライアンスの相互補完・加算・相乗モデルによるアライアンス係数ACの式【式6】

$$AC = \frac{(S+A) \times M}{T_{(AC)}}$$

$$S = \sqrt{\left(\frac{(s(max)-s(min)) \times len(c)}{2}\right)^2 \times 2} - \sqrt{\left(\frac{(s(max)-s(min)) \times len(c)}{2} - \Sigma plus\right)^2 + \left(\frac{-(s(max)-s(min)) \times len(c)}{2} - \Sigma minus\right)^2}$$

$$A = \frac{\sqrt{\left(\frac{(s(max)-s(min)) \times len(c)}{2}\right)^2 \times 2}}{len(c)} \times ad(w) \times \frac{\Sigma area(a) + \Sigma area(b)}{\Sigma area(t)}$$

$$M = \frac{mot(a)}{100} \times mot(w) \times \frac{mot(b)}{100} \times mot(w)$$

$$T_{(AC)} = \sqrt{\left(\frac{(s(max)-s(min)) \times len(c)}{2}\right)^2 \times 2} + \frac{\sqrt{\left(\frac{(s(max)-s(min)) \times len(c)}{2}\right)^2 \times 2}}{len(c)} \times ad(w) \times \frac{\Sigma area(t)}{\Sigma area(t)} \times mot(w)^2$$

なお，s(max)は評点付けの最大値，s(min)は評点付けの最小値，len(c)は評点付けの項目数（特徴数），Σplusは正の整数の総和，Σminusは負の整数の総和，Σarea(a)はA社の営業エリアの加算スコアの合計，Σarea(b)はB社の営業エリアの加算スコアの合計，ad(w)は相互補完強度の算出の1つの項目の何倍の重みで加算モデルを追加するかを規定する数値，Σarea(t)は営業エリアの加算スコアの最大値，mot(a)はA社の意欲のスコア，mot(b)はB社の意欲のスコア，mot(w)は意欲の重み付けの度合いである。

  0.8〜1.2の相乗の場合　67.57
  0.6〜1.4の相乗の場合　73.69
  0.4〜1.6の相乗の場合　79.03

さらに，その相乗値を正規化したアライアンス係数は，下記となる。

  0.8〜1.2の相乗の場合　0.440
  0.6〜1.4の相乗の場合　0.352
  0.4〜1.6の相乗の場合　0.289

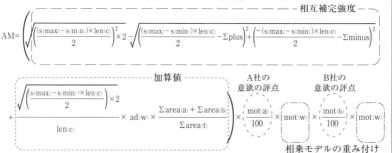

【式5】【式6】についての補足

相乗モデルの相乗値AMの算出式

アライアンスの相互補完・加算・相乗モデルによる相乗値AMの式

なお，s(max) は評点付けの最大値，s(min) は評点付けの最小値，len(c) は評点付けの項目数（特徴数），Σplusは正の整数の総和，Σminusは負の整数の総和，Σarea(a) はA社の営業エリアの加算スコアの合計，Σarea(b) はB社の営業エリアの加算スコアの合計，ad（w）は相互補完強度の算出の1つの項目の何倍の重みで加算モデルを追加するかを規定する数値，Σarea(t) は営業エリアの加算スコアの最大値，mot(a) はA社の意欲のスコア，mot(b) はB社の意欲のスコア，mot(w) は意欲の重み付けの度合いである。

 相互補完モデルの2つ目の発展である相乗モデルを，どのように相互補完・加算モデルに追加しているかについて述べる。

 相乗値を算出する式では，意欲（やる気）の度合いを 0 〜 100 の間（100 が最も意欲が高い）で A 社・B 社について評点付けをしたものを，どのようなウエイトで相互補完・加算モデルに追加するかを mot(w) で規定している。

 相互補完モデルと加算モデルを足したところまでは，加算モデルまでの説明と同じである。求められた加算値に対し，A 社・B 社の意欲の度合い（0 〜 100）をそれぞれ最大の値 100 で割って意欲の比率（割合）を算出し，mot(w)

を掛けることによってA・B各社のウエイト付けのレンジのなかでの意欲を示す相乗スコアが確定される。

　すなわち，0.8〜1.2，0.6〜1.4，0.4〜1.6の3パターンの重み付け（これは上述のとおり，mot(w)で記述）で算出しており，A社の意欲（mot(a)）にmot(w)を掛けることにより，0.8〜1.2，0.6〜1.4，0.4〜1.6のそれぞれの重み付けのレンジのなかでのA社の意欲の数値が決まっていく。

　たとえば，0.8〜1.2の重み付けのとき，60点の評点付けとなっている場合，0.72がA社の意欲を示す相乗スコアになる。B社についても同様に相乗スコアを算出する。

　A社の相乗スコアと，B社の相乗スコアについては，相乗モデルであるので足すのでなく，掛け算でつなげている。それを相互補完・加算モデルで算出される加算スコアに掛け合わせることによって，2社の組み合わせの相乗スコアを算出している。つまり掛け算によって，プラスのシナジーもマイナスのシナジーも生まれるのである。

　本文の【式6】によって，0〜1の数値に正規化している。これは，これまで同様に，相互補完・加算・相乗モデルで算出されうる最大の数値を算出する項で全体を割ることで正規化した数値を求めている。下記ではわかりやすくするため，各項の固まりを略字で表し，正規化の計算の仕組みを表示している。なお，本文に記したとおり，アライアンスの相互補完・加算・相乗モデルによって算出される係数をアライアンス係数と名付けている。

2.8.4 ▶ 152社の企業データについてのPython言語での演算結果

　【式5】と【式6】を，Python言語で実装して，アライアンス係数を算出した。

　0.8〜1.2の相乗のアライアンス成立・不成立の組み合わせのアライアンス係数のグラフが図25である。アライアンス成立の組み合わせのアライアンス係数は，相対的に高い傾向があり，アライアンス不成立の組み合わせのアライアンス係数は，相対的に低い傾向があると言える。また，図26として掲載するように，重み付けをより強くした0.6〜1.4の相乗のアライアンス成立・不成立の組み合わせのアライアンス係数，そして，図27として掲載するように，

図25　0.8〜1.2の相乗でのアライアンス成立・不成立のアライアンス係数の分布

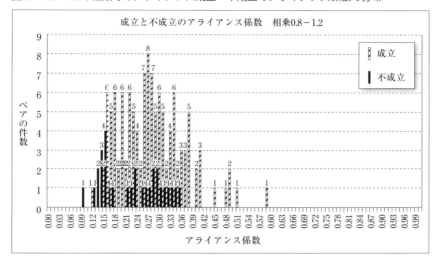

図26　0.6〜1.4の相乗でのアライアンス成立・不成立のアライアンス係数の分布

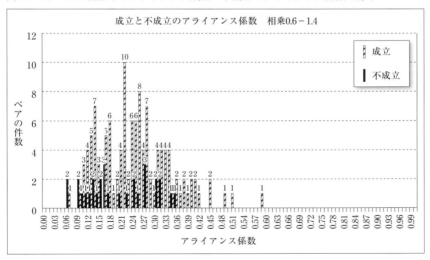

図27　0.4〜1.6の相乗でのアライアンス成立・不成立のアライアンス係数の分布

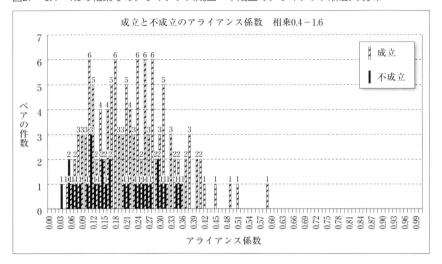

　0.4〜1.6のレンジでのアライアンス成立・不成立の組み合わせのアライアンス係数も同様に算出した。

　さらに，0.8〜1.2，0.6〜1.4，0.4〜1.6の相乗でのアライアンス成立・不成立のアライアンス係数の平均・最大値・最小値・最頻値をまとめたものが，表7である。アライアンス成立のアライアンス係数は，どの相乗のパターンにおいても，また，平均，最大値，最小値のいずれにおいても，アライアンス不成立のアライアンス係数よりも，高い数値となっている。相乗の度合いを大きくしたほうが，アライアンス成立とアライアンス不成立の割合が大きくなっている。アライアンス成立の組み合わせの係数の平均とアライアンスの不成立の組み合わせの係数の平均の割合（成立／不成立）を，成立／不成立比率と呼ぶこととし，この数値をモデルの正当性を評価する1つの指標として，参考までに用いてみる。成立／不成立比率の数値が高いほど，モデルの正当性が高いということとなる。

　アライアンスの相互補完数理モデルでのアライアンス成立の相互補完強度係数の平均0.31と，アライアンス不成立の相互補完強度係数の平均0.253の割合（成立／不成立）は1.225であった。本章で提案しているアライアンスの相

互補完・加算・相乗モデルでは，アライアンス成立のアライアンス係数の平均0.319と，アライアンス不成立のアライアンス係数0.269の割合（成立／不成立）は1.186となった。

このたび，アライアンス相互補完・加算・相乗モデルに発展させたことで，より一層，アライアンス成立とアライアンス不成立の差がついている。

なお，アライアンス係数が低くても，成立している組み合わせがある理由は，本研究の評点付けは既存事業についての評価であるが，既存事業とは異なる事業領域・方向性での新規事業立ち上げでのアライアンスの場合，既存事業の面での評点付けでは，必ずしもフィットしないためである。他方，アライアンス係数が高くても，不成立となっている組み合わせがいくつか存在している理由は，相手の事業や技術の魅力を理解することができなかったり，相性が合わなかったりしたケースがあるためである。これらのことは，今後の研究課題となる。

次に，表7によると0.8〜1.2，0.6〜1.4，0.4〜1.6の相乗モデルでのアライアンス係数において，いずれも，最頻値が複数出てきている。これは，アライ

表7　0.8〜1.2，0.6〜1.4，0.4〜1.6の相乗でのアライアンス成立・不成立のアライアンス係数の平均，最大値，最小値，最頻値の数値の表

	アライアンス係数 (0.8〜1.2)			アライアンス係数 (0.6〜1.4)			アライアンス係数 (0.4〜1.6)		
	成立	不成立	全体	成立	不成立	全体	成立	不成立	全体
平均	0.277	0.216	0.207	0.249	0.192	0.168	0.228	0.175	0.142
最大値	0.743	0.522	0.743	0.743	0.522	0.743	0.743	0.522	0.743
最小値	0.108	0.085	0.036	0.064	0.048	0.021	0.037	0.021	0.009
中央値	0.224	0.199	0.183	0.208	0.180	0.148	0.186	0.166	0.118
最頻値	0.200	0.110	0.160	0.170	0.180	0.110	0.110	0.190	0.060
最頻値件数	8	4	805	10	3	675	7	3	713
最頻値個数	3	1	1	1	2	1	4	1	1
データ数	121	30	22952	121	30	22952	121	30	22952
	複数の最頻値 0.19 - 0.20 0.20 - 0.21 0.21 - 0.22			複数の最頻値 0.17 - 0.18 0.18 - 0.19			複数の最頻値 0.10 - 0.11 0.11 - 0.12 0.14 - 0.15 0.18 - 0.19		

※複数のレンジは，いずれも，数値以上〜数値未満で表示。

アンス係数の分布が正規分布でないことを示しており，当該データにおいて，正規分布を前提とした有意検定などは有効ではないことを示している。

アライアンス係数の平均の重み付けごとにグラフにしたものが図28である。相乗モデルでの重み付けにおいては，重みをより大きくかけると，アライアンス係数が下がっていく傾向が見られる。これは，意欲（やる気）の度合いをパラメーターとして追加したことによって，マッチングの状況が変化し，重みが強いと，加算モデルまでよりも，マッチングの強さが低下することを示している。これは，相乗の要素が加わったことの影響である。また，アライアンス係数の中央値の重み付けごとにグラフにしたものが図29である。平均と同様の変化が見られる。

さらに，0.8～1.2の相乗での152社の企業データのすべての組み合わせ（全体）のアライアンス係数のグラフが図30，0.6～1.4の相乗での152社の企業データのすべての組み合わせ（全体）のアライアンス係数のグラフが図31，0.4～1.6の相乗での152社の企業データのすべての組み合わせ（全体）のアライアンス係数のグラフが図32である。

意欲の度合いについて，弱い重み付けの0.8～1.2の相乗から，0.6～1.4の相

図28　アライアンス係数の相乗の重み付けによる平均の変化のグラフ

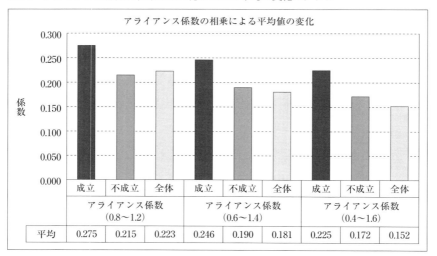

図29 アライアンス係数の相乗の重み付けによる中央値の変化のグラフ

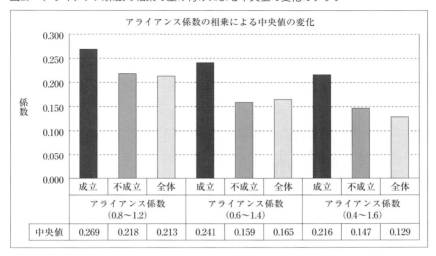

図30 0.8〜1.2の相乗でのすべての組み合わせのアライアンス係数

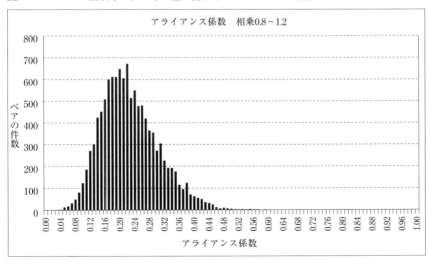

第8章 モデルの発展2：アライアンスの相乗モデルの構築と検証

図31　0.6〜1.4の相乗でのすべての組み合わせのアライアンス係数

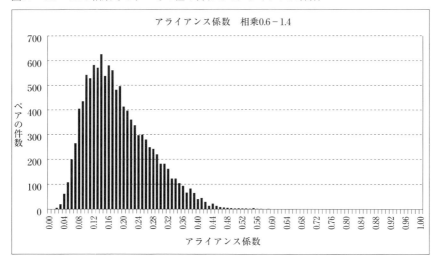

図32　0.4〜1.6の相乗でのすべての組み合わせのアライアンス係数

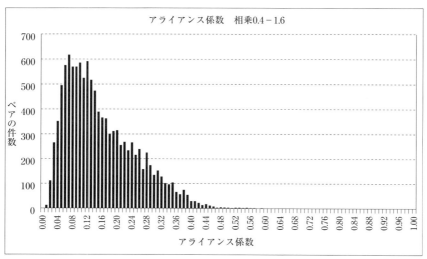

乗，そして，0.4〜1.6の相乗へと強い重み付けにすると，分布の山が左に偏ってきている。これは，意欲が低い企業の影響がより大きく出てくるものと考えられる。意欲の平均が62.8点（満点100点）であったが，平均に満たない企業で，大きく1を下回っていた企業があったためではないかと推測される。これは，意欲の評価が0.8の企業と意欲の評価が1.2の企業の組み合わせの場合，重みが0.96となり，アライアンス係数が下がる方向になるためである。

なお，ここで，統計学の有意検定を行うことも検討できるが，これらの係数の分布は正規分布ではなく，一般的な有意検定を行うことは適さないと考えるため，グラフでの視覚的な判断および平均・中央値・最頻値の相乗の重み付けの度合いによる比較での視覚的な検討に留めることとする。

2.8.5 ▶ 相互補完・加算・相乗モデルのまとめ

第3，4，6章で提案された相互補完モデルに，第7章で営業エリアに関する加算モデルを追加したモデルに，さらに，本章にて，アライアンス成立における双方の企業の意欲（やる気）の度合いを盛り込む相乗モデルを追加して，モデルを発展させた。

ここにて，筆者が本研究で達成したいと願っていたアライアンスのマッチング段階の成立メカニズムを数学表現する「アライアンスの相互補完・加算・相乗モデル」を完成させることができた。

当モデルについても，Python言語で実装し，アライアンスの相乗値，そして，アライアンス係数を算出し，提案するモデルの正当性を確認した。

第9章 本研究のまとめ ～成果と今後の課題

最後に，本研究の内容をまとめ，その成果と今後の研究課題について述べておきたい．

2.9.1 ▶本研究の成果

経営学におけるアライアンス研究においては，アライアンスが成立する最初のマッチングの段階の研究が十分なされておらず，かつ，数理モデルが存在していないというアライアンス研究の未整備の部分に取り組み，企業と企業のアライアンスに向けたマッチングがどのような関係性のときに成立しやすいのかを数学的に表現し，数値として演算可能（コンピューテイショナル）にしたことが当研究の成果である．

本研究のモデル構築では，資源ベース理論のフレームワークを発展させただけでなく，物理学におけるフローの概念や人間関係におけるギブ・アンド・テイクの考え方を組み合わせた．フロー・インテンシティとフロー・バランスの概念を新しく用いることで，2社間のアライアンス成立における相互補完関係を説明づけることができた．

提案したモデルでは，2社間の相互補完関係を，1次元行列と2極のベクトルで数学表現し，そして，最大の相互補完強度の点（マキシマム・ポイント）からの距離で，数学的に表すこととした．この距離で強度を表現することに気がついたことが，世界初のアライアンス成立の関係性を表現する相互補完数理モデル構築の最大の成功要因となった．

相互補完数理モデルを発展させるオプションとして，営業エリアに関する加算モデルおよび企業の意欲に関する相乗モデルも追加開発し，アライアンス

の相互補完・加算・相乗モデルへとモデルを発展させた。これらにより，筆者が実務的に行ってきたアライアンスの仲介者としての役割・機能を，数学的に表現することができた。

提案するモデルは，いずれも，Python言語で実装し，実際の152社のコンサルティング先企業データによって，モデルの正当性を確認した。

本研究は，アライアンスの成立のメカニズムを，厳密に関係性を表現できる数学で表し，モデル化したことに意義がある。企業間アライアンスのマッチング段階の成立メカニズムを表現する数理モデルを提案し，2社間の関係性を数値として演算可能にしたことにより，複数の潜在的なアライアンス候補先企業のなかから，最適なアライアンス先企業を選定する合理的な意思決定が行えるようになった。

2.9.2 ▶ 経営学とCIの組み合わせにより，双方において貢献

本研究では，経営学で主流の説明しにくい領域であるアライアンスのマッチング段階に着目し，経営学で一般的ではないモデル化に取り組んだ。すなわち，経営学で主要な手法，とりわけ，多変量解析の手法では説明しにくいアライアンスのマッチング段階の数理モデルを構築した。アライアンスのマッチング段階は，経営学の主流のモデルでは説明しにくい領域だったため，経営学での研究だけでは，アライアンスのマッチング段階のモデル化ができていなかった。

本研究で提案した相互補完数理モデルにより，アライアンスのマッチング段階の2社間の関係性を2次元のマップ上の点で捉えることが可能となった。

さらに，Python言語でモデルを実装し，実データとの整合性を確認したことも，経営学だけではなしえなかったことである。

経営学では容易にモデル化ができなかった領域において，サイバーインフォマティックス（CI）の手法やロジックを導入することで，課題を解決し，世界で初めて数理モデルを構築・提案した。このことが，本研究の学術面の貢献である。

これは，経営学におけるアライアンス研究を進展させただけでなく，CIにとっても，そのアプリケーション分野を，アライアンス研究に拡大すること

ができたと言える。このように，本研究は，経営学としても，CIの分野としても，意義ある研究成果を生み出した。

2.9.3 ▶当モデルの利用面の意義

このモデルの利用面の意義としては，主として，次の３つがある。
(1) アライアンスが実際に成立していることのメカニズムを数学的に説明できる。
(2) 各企業が最適なアライアンス先を選択する意思決定に利用できる。
(3) アライアンスのマッチング段階の効率性を高め，探索コストを低減できる。

まず，(1) については，数学という厳密に関係性を表現できるツールを用いることで，モデルをプログラミングで実装することが可能となり，数値として演算できるようになった。また，アライアンスのアレンジメントをする仲介者がどのようなメカニズムで，企業紹介による組み合わせを行っているかを明らかにできた。

次に，(2) については，提案する数理モデルを用いて，２社間の関係性を数値化することにより，その数値の比較によって，複数の潜在的なアライアンスの候補先のなかから，どの企業が最適なアライアンス先であるかを判断・選択し，合理的に意思決定を行うことができる。翻って見れば，意思決定の妥当性の検証にも用いることができる。

最後に，(3) については，多くのアライアンス候補先のなかから，最適なアライアンス先を探索するにあたって，やみくもに探索するのではなく，提案するモデルによる数値を用いて，探索することにより，マッチングを効率化し，アライアンス先を探索するコストを低減することができる。

本研究で提案する数理モデルは，このような利用面での意義がある。

近年，日本において，新規事業立ち上げや売上向上のために，アライアンスの重要性やニーズが，非常に高まっている。アライアンスの傾向やタイプについても，異業種間にまたがるようになっている。大企業とスタートアップ・ベンチャーの間のアライアンスや，中小企業同士のアライアンスも増加傾向にある。また，ビジネス・マッチングのための交流会が増加しており，ア

ライアンスを専門とするコンサルティング会社も，日本企業同士のアライアンスを促進させるのと同様，日本企業と海外企業とのアライアンスも推進している。本研究で提案したモデルは，そういったアライアンスの活動の推進に貢献するものである。

2.9.4 ▶ 当モデルの改良と今後の研究課題

　本研究では，まず新しい数理モデルを提案することに注力しており，それが実現したことは大きな成果であり，意義であると考える。

　しかしながら，提案したモデルの特徴の数や項目，各特徴の評点付けの方法などは，より実態を正確に反映するように，今後，ブラッシュアップして，改良していく余地がある。

　本書で提案したモデルは，フレキシブルなものであり，ユーザーは，自由にパラメーターや評点付けなどを変更することができるようになっている。具体的には，相互補完モデルにおける8つの項目の設定の仕方やそれぞれの評点付け，加算モデルにおける地域区分の仕方や各区分へのスコアの配分，相互補完モデルへの加算モデルや相乗モデルを追加する際の重み付けなどの設定をどのようにするのがよいかをさらに検討していく必要がある。今後，ユーザーがさまざまなデータでモデルを利用可能とするため，本書で提案し，Python言語によって実装した数理モデルのプログラミングを，オープン・ソースとして，Web上にて，公開した。Webページ（URL：http://www.tcconsulting.co.jp/calculation）に，相互補完モデルおよび，加算モデル，相乗モデルのそれぞれのPython言語のプログラミングを掲載している。

　提案したモデルを使って，さまざまなデータ，たとえば，S＆P500などの株式インデックスを構成する銘柄企業のデータや，ほかのコンサルティング会社のクライアント企業のデータ，インターネット上で財務データが公開されている企業のデータなどで，提案したモデルがテストされることによって，企業間アライアンスの数理モデル構築の研究がさらに発展していくことを期待したい。

　以上が，筆者の慶應義塾大学からの博士号取得にあたって執筆した博士論

文である。

　この論文は，次の４本の学術ジャーナルに掲載された査読論文および国際学会での発表にあたっての論文（査読付き）をもとにしている。第２部の内容の詳細については，下記の原著論文も合わせて参照いただけると有り難い。

　なお，これらの論文のPDFは，
Webサイト：http://www.tcconsulting.co.jp/profile/academic
に掲載している。

＜査読論文＞
冨田賢・武藤佳恭（2015）「アライアンスの相互補完数理モデルの構築と実証分析～152社のコンサルティング先企業データを用いて」経営会計研究 第20巻第１号
冨田賢・武藤佳恭（2016a）「アライアンスの相互補完・加算・相乗に関する数理モデルの提案とPython言語による実証～152社の企業データをもとに」ビジネスクリエーター研究第７号
Tomita, Satoshi and Yoshiyasu Takefuji (2016b), "A Mathematical Model for Optimal Corporate Alliances : Evidence from Japan," International Journal of Management and Marketing Research (IJMMR), Volume 9, Number 1, 2016.
冨田賢・武藤佳恭（2016b）「アライアンスの相互補完数理モデルにおけるギブ・アンド・テイク―フロー・インテンシティとフロー・バランスによる理論的説明」経営会計研究 第21巻第１号

＜国際学会での発表・プロシーディングス＞
Tomita, Satoshi and Yoshiyasu Takefuji (2016a) "A New Mathematical Model of Mutually Complementary for Corporate Alliances : Selection of Optimal Partners using Eight Characteristics," Proceedings (HI092415299, double-blind review) of 2016 Hawaii Global Conference on Business and Finance (GCBF)

※筆者は，上記の2016年１月にハワイにて開催された当国際学会にて，アワード（Outstanding Research Award）を受賞している。

アライアンスの数理モデルの係数算出 Web システムの利用方法

　本書の第2部で提案・解説したアライアンスの数理モデルは，オープン・ソースのプログラミング言語であるPython言語で実装されている。それらのソースも，Web上にて公開されている。

　しかし，そのままではPython言語を操作できる人しか，この数理モデルによる係数算出を行うことができない。

　そのため，数理モデルによる数値・係数を簡単に算出できるWebシステムを開発した。それもWeb上にて公開し，無料で利用できるようにした。URLは以下である。

▼アライアンス数理モデル・係数算出システム
http://www.tcconsulting.co.jp/calculation

　このシステムを利用することにより，Python言語を操作しなくとも，任意の2社の組み合わせの相互補完強度や相互補完強度係数，加算値，加算係数，相乗値，アライアンス係数を算出することができる。

【利用方法】

(1)【相互補完強度および係数】
　アライアンスの係数を計算したい企業Aと企業Bの，相互補完モデルにおける8つの特徴においての5段階評価の点数を「評価」のところに入力する。相互補完モデルだけでの算出は，そこまで入力して「算出する」をクリックすると，その下に数値および係数が表示される。

※このWebシステムにおいても，本書および冨田の博士研究で用いた特徴の種類・数を踏襲している。ただし，このWebシステムではすぐに特徴の数を変えることはできないが，特徴として選択する項目は自由に変えてよい。筆者が選定した8つの特徴以外の特徴を用いた係数算出も試してみるとよい。

(2)【加算値および加算係数】
　上記(1)のとおり，相互補完モデルの数値を入力したうえで，まず企業Aと企業Bについて，加算モデルにおける営業エリアとして該当する地域区分を「地域」のところにチェックを入れる。そして，相互補完モデルの1つの特徴に割り当てら

れたスコアに対し，何倍の倍率で加算モデルをリンクさせるかについては，設定のところの「加算モデル倍率」に数値を入力する。各地域の重み付け（各地域にいくらのスコアを配点するか）については「地域の重み付け」のところで数値を

アライアンス数理モデル・係数算出システム

企業A

評価

営業力	技術力	アイデア	資金力	人材	生産力	ブランド・信用	機動性
2	2	2	2	3	1	1	4

地域

首都圏	関西	東海	特定地域(北陸)	その他	インターネット	海外
☑	☐	☐	☐	☑	☐	☐

意欲
100

企業B

評価

営業力	技術力	アイデア	資金力	人材	生産力	ブランド・信用	機動性
1	2	1	4	5	4	4	1

地域

首都圏	関西	東海	特定地域(北陸)	その他	インターネット	海外
☑	☐	☐	☐	☐	☐	☑

意欲
70

設定

加算モデル倍率
3

地域の重み付け

首都圏	関西	東海	特定地域(北陸)	その他	インターネット	海外
8	4	3	1	9	12	5

算出する

算出結果

相互補完強度 = 10.097452911827855
相互補完強度係数 = 0.44624858916658283
加算値 = 13.127910545484488
加算係数 = 0.4219470258873849
加算相乗値(0.8-1.2) = 17.013772066947897
加算相乗値(0.6-1.4) = 21.31972672586681
加算相乗値(0.4-1.6) = 26.045774522241228
アライアンス係数(0.8-1.2) = 0.3797523232986465
アライアンス係数(0.6-1.4) = 0.3496132500209762
アライアンス係数(0.4-1.6) = 0.3270089450627233

入力する。本書では，県別GDPのデータを用いて配点を決めているが，インターネット販売や海外販売のウエイトをどのくらい重視するかについても，ここで設定ができるようになっている。加算モデルまでで，数値および係数を算出する場合，そこまで入力して「算出する」をクリックすると，その下に数値および係数が表示される。

※筆者が金沢で活動していた時期があることから，本書では北陸エリアの企業が多く含まれ，北陸をエリアとして入れていたが，ほかの企業データでは北陸は少ない可能性があるため，北陸の部分はその企業データで多く含まれるエリアを設定できるよう，特定地域としてある。地域区分の仕方については本書および冨田賢の博士研究を踏襲しているが，自由に変えてよい。各地域やインターネット販売，海外販売の重要度も上述のとおり，自由に設定を変えて試してほしい。

(3) 【相乗値およびアライアンス係数】
　上記(1)と(2)のとおり，相互補完モデルおよび加算モデルの数値の入力などを行い，そのうえで「意欲」のところに，0〜100評価（数字が大きいほど意欲が高い）を入力する。相乗モデルについては，相互補完モデルおよび加算モデルの数値が入力されていることが前提となり，すべて入力して「算出する」をクリックすると，その下に数値および係数が表示される。

※アライアンス係数を求める場合には(1)相互補完モデル，(2)加算モデル，(3)相乗モデルのすべての数値（設定も含む）を入力して「算出する」をクリックすることになり，前述のように(1)相互補完モデルだけ，(2)加算モデルまでだけの入力でも，そこまでの数値および係数が算出・表示されるように設定されている。

　このWebシステムを大いに活用し，最適なアライアンス候補先企業の選定の参考にしていただきたい。今後は，ある程度以上のまとまった社数のデータを入れると，係数やグラフが表示されるシステムの開発を検討している。

第3部

新規事業立ち上げの具体的推進

―方向性の探索, 営業推進, チーム構築, 人工知能の活用

第1部では，IoTとは何か，そして，IoTの収益化においてアライアンスが重要であることを述べた。第2部では，アライアンスのマッチングの数理モデルについて解説した。
　そのうえで第3部では，アライアンスによる新規事業立ち上げをどのように具体的に推進していくかについて，より実務的に解説したい。
　筆者が経営しているコンサルティング会社のニューズレターにて書きためてきたことや，新規事業立ち上げ，あるいはIoT・AIに関するセミナーにてこれまで述べてきたことに加筆・修正したものとなる。
　とりわけ，アライアンスの実践の仕方や新規事業でどこに一歩を踏み出すか，営業展開におけるアライアンスの活用，新規事業チームの適正人数，人工知能が与える中長期的な影響や共存・拡張などについて解説する。

第1章 アライアンスを実際に推進するにあたって

3.1.1 ▶ アライアンス先の発掘が不可欠〜新規開拓営業と同様の取り組み

　アライアンスが新規事業立ち上げや営業推進に有効ということがわかっても，実際に実行しなければメリットを享受できない。ではどのように進めたらよいのであろうか。

　まずは，アライアンス候補先企業を発掘することが必要となる。

　方法としては，①自分たちで探す「自己探索型」，②紹介してもらう「エージェント探索型」の大きく2つがある。

　これらについて，詳しくは米倉・清水（2015）の第4章「外の知識をどのように探索するのか？」においても，類型化して解説されているので，参考にするとよい。

　いずれにせよ第1部で述べたように，知の探索（exploration）をするには，知を有する企業や人を探さなければならない。

　アライアンス先の発掘は，新規開拓営業と同じようなものと捉えられる。躊躇せず，どんどん開拓するスタンスが必要となる。

　ベースとなるのは，名刺交換であると筆者は考えている。筆者自身は，この8年間で約9000枚の名刺交換をしている。それにより，メールマガジンを約7000人に配信することができ，フェイスブックでの友達は2000人以上となっている。それに伴い，緩やかなつながりで知っている企業，ご紹介できる企業は4000〜5000社となっている。

　筆者自身はコンサルティング会社の社長や経営コンサルタントとして，上記の②「エージェント型探索」に属するような提携先企業の紹介事業を行っ

ている。

　大手コンサルティング会社や投資銀行，証券会社，メガバンクなどの金融機関でも一部，そうしたサービスを行っている。

　紹介が何もない状態でコンタクトしたり交渉したりするよりは，信頼や信用がある紹介者（「アライアンスの仲介者」と呼ぶ）がいたほうが，スムーズであることは確かである。これは税理士や公認会計士，弁護士といった士業の人でもよいであろう。

　しかし筆者は日頃のコンサルティングの経験から，紹介にすべて頼るのではなく，本来的には自社で，自ら，アライアンス先企業を探索する能力を身につけることが必要であると考える。紹介だけに頼ることは，限界がある。アライアンスに不慣れなときや，可能性を追求するときにはエージェント型の探索を行うことは合理的であろう。

　ただ，自社の強みや弱みを一番わかっているのは自社の社員であり，社長である。自分たちで自分たちの事業展開や構築に必要な企業を探して発掘する努力が必要である。アライアンス先の発掘は，企業にとって新しい売上獲得のための新規開拓営業と同じだと捉え，取り組むことが大切となる。企画や新規事業，技術部門の人でも，営業部門の人と同じく，しっかり自社の強みをアピールし，弱みを補ってくれるアライアンス先企業を見つけ出し，ストーリーを立てながら交渉していくことが求められる。

　第2部で提案・解説したアライアンスの相互補完モデルや加算モデル，相乗モデルを意識し，ときにはアライアンス候補先企業を説得するために，これらのモデルを用いることも有益であろう。筆者は，ぜひ活用してもらいたいと願っている。

　多くの名刺交換をするためには，ビジネス交流会などを活用することも必要であろう。交流会の活用術については，冨田（2012）と冨田（2014）にて解説しているので参照していただきたい。

　アライアンスの数理モデルの考え方を用いて，論理的にアライアンス候補先を検討するとともに，多くの企業と接触し，ディスカッションしていかなければアライアンスは成立しない。ダメで元々の気持ちで「量は質に転化する」と考え，アライアンスのモデルによって確率をあげつつ，母集団のコン

タクト先を増やしていくことが大切となる。まずは行動することである[1]。

その際にはまず，取り組もうとしている新規事業の構築・展開において，必要となること，実行しなければならないことを，①自社でできることと，②自社ではできないことの2つに分ける。そのうえで①は自社でやれるわけであるが，②の自社では持ち合わせていないリソースや機能，要素について，他社とアライアンスをして獲得することを検討・推進していくこととなる。

第1部や第2部で紹介した取引コスト理論をもとに考えれば，一般取引で調達できるものもあれば，最終的にM&Aで買収して内部化するものも出てくるであろうが，アライアンスを活用していくことが有益であることは，これまで本書で述べたとおりである。

3.1.2 ▶ アライアンス推進のステップ〜強みと弱みの分析

アライアンスの推進において，まずはアライアンスの相互補完モデルを前提として，ファースト・ステップを踏んでいくこととなる。前述のように，自社でできること／できないこと，持っているもの／持っていないものを分けるとともに，自社の強みと弱みの分析が必要となる。

第2部の相互補完モデルの項で述べたように，アライアンスはギブ・アンド・テイクであるため，自社が強みを提供しない限り，弱みを補うものをアライアンス先企業から提供してもらうことはできない。

次にセカンド・ステップとして，自社の弱みが何かを見極めなければならない。アライアンスによって何を補うかの明確化である。それが明確になっていないと，アライアンス候補先企業の探索の効率が悪くなる。

自社の強みの見つけ方については，冨田（2012）や冨田（2014）において解説しているので参考にしていただきたい。

強みと弱みの分析においては，筆者が相互補完モデルで取り上げた8つの

---

[1] 陽明学では「知行合一」と言い，知ったことは行ってみて初めて本当に知ったと言える，知ったこと・学んだことも実行しないと意味がないとの考え方がある。NHK大河ドラマ『花燃ゆ』において吉田松陰が取り上げられたが，吉田松陰も陽明学の考え方に基づき，「知（ち）と行（ぎょう）は2つにして1つ」という言葉を残している。冨田（2014）においても"まずはちょっとやってみる"ことの大切さを解説している。

特徴を活用し，評点付けをしていくとよい。

なお，アライアンスには事業構築（製品開発を含む）をしていくときの垂直的なアライアンスと，事業展開（営業展開を含む）をしていくときの水平的なアライアンスがあるため，どちらなのかの検討も必要となる。

そのほか，アライアンスのパターン分けについては本書の第2部に掲載した7つがあり，それらについての詳しい解説は冨田（2014）を参照していただきたい。

営業エリアの拡大（日本国内でのほかの地域や海外，インターネット販売）などについては，第2部で提案・解説したアライアンスの加算モデルの考え方に基づき，足し合わせるとどうなるか検討し，加算スコアが大きくなるようなアライアンス候補先を探索することとなる。

さらに意欲（やる気）の面については，第2部にてアライアンスの相乗モデルとして述べたが，アライアンス候補先においても，意欲のできるだけ高い企業を探索することとなる。その効果については，第2部で述べたとおりである。

3.1.3 ▶ 「アライアンス・マトリックス」の活用

次に，冨田（2014）で解説したように，同じ業界の企業とアライアンスを行うのか，異なる業界の企業と行うのか，そして同じ種類の経営資源を交換するアライアンスなのか，異なる種類を交換するのかを，分類・整理して考える必要がある。

この2つの軸によりアライアンスのカテゴリーは，次の表1のように4つのタイプに分けられる。この4つの象限に分ける方法を「アライアンス・マトリックス」と呼ぶ。なお，第2部で述べたように，アライアンスは経営資

表1　アライアンス・マトリックス

	同じ業界における アライアンス	異なる業界との アライアンス
同じ種類の経営資源を交換	タイプA	タイプC
違う種類の経営資源を交換	タイプB	タイプD

出所：安田（2010, 2016）を参考にして，筆者が作成。

源の交換であるという資源ベース理論の先行研究をもとにしており,経営資源とは主に販売資源,技術資源,人材資源,生産資源,資金資源の5つを指す。

　ここで「アライアンス・マトリックス」を用いた分類の事例を紹介しておく。2016年9月13日付の日刊工業新聞に掲載されたトーヨーカネツソリューションズ(東証1部上場のトーヨーカネツの100％子会社)とイシダ(京都市,売上1000億円,未上場)が販売提携を本格化した事例を取り上げる。
　両社は小売業や製造業向けの物流システム・機器を手がけており,双方が強みを持つ業界,製品を相互補完し,共同で拡販に乗り出して新規顧客開拓をねらい,両社の技術を結集し,新たなシステムを共同開発することも視野に入れるとしている。
　両社のアライアンスを「アライアンス・マトリックス」に合わせて検討すると,次の表2のようになる。
　トーヨーカネツは,本体は石油や天然ガスなどの大型タンクの会社であるが,100％子会社であるトーヨーカネツソリューションズは,Eコマースや空港などの物流のマテリアル・ハンドリングの会社である。
　イシダは計測器メーカーであり,異業種である。ただし,両社は物流分野の機器・システムを取り扱っている面では,同業種と言えなくもない。

表2　トーヨーカネツソリューションズとイシダのアライアンス

	トーヨーカネツソリューションズ	イシダ
企業概要〈異業種〉	物流システム,空港の旅客手荷物運搬システム。Eコマースなどのマテリアル・ハンドリング（仕分けシステム）。〈上場企業〉	1893年創業のハカリメーカー。計量だけでなく,包装・検査・印字・表示機器。〈未上場企業〉
強み〈相互補完〉	スーパーマーケットや通信販売向けのコンベヤーや自動倉庫に強い。	コンビニ業界向けピッキングシステムや重量検品カートが強い。
交換する経営資源は？〈同じ資源〉	提供する経営資源：販売資源　　　　　　　　　技術資源	提供する経営資源：販売資源　　　　　　　　　技術資源

出所：新聞記事をもとに,筆者作成。

このように比較すると，この事例は，異なる業界で同じ種類の経営資源を交換しているため，タイプＣということとなる。一見，異なる種類の経営資源を交換しているように見え，タイプＤとも考えられるが，交換している経営資源は，販売資源と技術資源であり，強みの異なる同じ種類の経営資源を交換しているのでタイプＣとなる。

　なお，日本においては三井住友信託銀行や新日鐵住金のように，タイプＡのアライアンスが多いことは，本書の付録４「日本における企業間アライアンスの最近の状況と傾向」において述べているので，併せて参照されたい。

第2章 新規事業立ち上げでどこに一歩を踏み出すか

3.2.1 ▶ 事業の目的を考える！〜ドラッカーの事業の3つの定義

　新規事業で，どこに一歩を踏み出すかは，最も難しく重要な問題である。
　ピーター・ドラッカーはDrucker（1973）[2]のなかで，経営者の役割は事業の定義であり，企業が行う資源の投入は，事業の定義なしに適切に行うことはできないと述べている。

　どこに一歩を踏み出すかについて，参考となる3つのポイントをドラッカーは提示している。

　それは，①自社の強みが生かせるか，②市場があるか，③事業の目的（志）があるか，の3つであり，筆者もそれらの3つが大切だと考えている[3]。

　まず，これまで自社が培ってきたこと，取り組んできたことに関連する強みを生かせるかである。
　自社が有する強みを生かさないとしたら，業歴や実績のある企業でも，設

---

[2] 入山（2012）で述べられているように，ピーター・ドラッカーは日本において，経営学の父と呼ばれるが，グローバルな経営学の学界ではドラッカーは経営学者であると認識されていない。経営学研究において，先行研究として計量分析などによる科学的な研究ではないことが，その理由となっている。筆者もサイエンティフィック（科学的）であることが経営学研究において重要であることから，ドラッカーの業績は経営学ではないと言えるが，実際のビジネスの推進において有益なことを述べていると考える。なお，ドラッカーには，未来予測をする未来学者としての捉え方もある。
[3] 小宮一慶氏はセミナーなどで「市場のあるところで，他社よりうまくやる！」と表現している。的を射た指摘・表現であると筆者は考えている。

図1　新規事業の方向性を考えるときの３つのポイント

■ドラッカーを参考にした新規事業を考えるときの３つのポイント
①　自社の強みが生かせるか
②　市場があるか
③　事業の目的（志）があるか

出所：ドラッカー（邦訳2001）および小宮（2010，2013）を参考にして，筆者作成。

立されたばかりのベンチャー企業が取り組むのと同じような戦いとなる。そうではなく，これまで自分たちが培ってきた技術やノウハウを生かせる分野に出ることが大切である。

　たとえば大気中や部材のなかのアスベストの含有の有無や，さまざまな化学物質の分析を長年行ってきた調査分析の会社は，IoTにおいて，センシングをどう行うかという部分[4]で，培ってきた強みを生かすことができる。

　あるいは鉄道車両の保守メンテナンスを行ってきた企業であれば，鉄道会社とのリレーションを持っており，そうした取引関係は"財産"であり強みと言え，鉄道車両向けのIoTに取り組むことができる。東証１部上場企業のように，信用・ブランドも強みとなるが，それ以外の強みを見つけ出して[5]，新規事業展開に生かすことが必要である。

　シャープは台湾企業の傘下となったが，RoBoHoNという小型ロボットを2016年５月に発売している。ポケットに入るくらいの大きさのRoBoHoNのなかにはAndroid携帯が入っていて人の声に反応して目の色が変わったり，音声認識により会話したりする。従前，シャープは携帯電話やスマートフォンをつくってきており，培ってきたものを応用させている。専用の自動サーボなども追加開発しており，これまでの強みを生かした取り組みの事例と言えよう。

4　第１部で述べたように，IoTはさまざまなデータをセンサや計測器，カメラなどでセンシングし，それをインターネットに接続し，クラウドすることがまず必要である。センシングをどう行うか（どのようなセンサを使うか，どのようなデータをどう取れば判断ができるかなど）は，分析を行ってきた会社であれば，判断ができるのである。
5　冨田（2012）の第６章にて，会社と個人の強みの見つけ方について解説されている。

図2　顧客が購入を決める３つのポイント

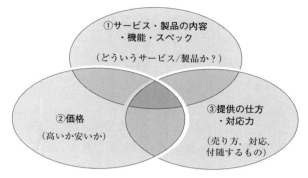

出所：冨田（2014）を参考にして筆者作成。

　このように，個人の人生と同じで，自らの強みを生かすことがまず大切である。

　次に，市場があるところで新規事業に取り組むことが重要である。市場がないところで新規事業展開をしようとしても売上はあがらない。
　どんなに優秀な経営者や新規事業担当者でも，伸びていない（今後も伸びない）市場では残念ながら，なかなかビジネスを大きくできない。できるだけ，伸びている市場での事業展開を検討することが大切となる。
　伸びている市場で，次の３つのポイントのなかで，他社より競争力のあるサービス・製品を打ち出していくことである。このことは，冨田（2014）においても，第５章「競合のなかで勝つという発想」にて解説しているが，改めて簡単に解説しておく。
　なお，ほとんどのビジネスにおいて，必ず競合がいると言える。競合がいないとしたら，他社が妙味を感じず，参入しないほど小さい市場であると考えられる。
　顧客が製品やサービスを買うのは，①サービス・製品の内容・機能・スペック（どういうサービス／製品か？），②価格（高いか安いか），③提供の仕方・対応力（売り方，対応，付随するもの）の３つのポイントが，自分が求

めているものとフィットするときである（図２）。

したがって，他社に市場で勝つためには，この３つのポイントのどれかで差別化をして強みを打ち出し，あるいは景気変動や顧客の嗜好の変化に３つのポイントを合わせていくことが必要となる。

新規事業だからといって，まったく新しいことをしなければならないわけでなく，競合があるなかで差別化を図り強みをつくってライバルに勝っていくということは，冨田（2014）でも述べたことである。[6]

新規事業の検討における議論で，「こういう事業企画がいいのではないですか」と発言した人に対して「いや，それは他社がもうやっているから」という批判的な指摘が出ることがある。その指摘は正しいだろうか。他社が行っていたら行わないという考えであると，できることは限られてしまう。IoTの事業企画においても，自社が検討する企画は，ライバル他社が同じように検討していると考えてよいであろう。そのうえで，サービスや製品のどこかで強みをつくり，顧客に訴求して競争に勝つことを考えるのが妥当である。

最後の３つめは，事業の目的（志）があるか，である。

なぜその事業を行うかということは，ミッションと言ってよいであろう。

ドラッカーは，事業を考えるときは目的から考えるべきであると述べている。[7]どんな企業でも，売上目標や営業目標という数字はあるわけであるが，それは事業を行う目的とは異なる。

筆者が冨田（2014）で述べたように「お客様や社会の困り事を解決して，そ

---

[6] 冨田（2014）の第５章「競合のなかで勝つという発想」の該当箇所を参照のこと。たとえばAppleのスティーブ・ジョブズがiPhoneを開発したとき，スマートフォンではライバルがいなかったが，スマホが良いと認知されればAndroid携帯がどんどん出てきて競争環境が生まれる。iPhoneを出したときにもライバルがいなかったかというと，フィーチャーフォン（ガラケー）や固定電話，自動車電話というライバルがいた。すなわち，ビジネスにおいてライバルがいないということは，角度を変えて考えればほとんどない。「いや，当社にライバルはいないですよ」と言う企業については，特殊な事業や部分だけを行っているなど，他社が参入するほど市場がない場合はありえるが，それ以外の場合，別の観点で分析すれば競合は必ずいると考えてよい。

[7] 小宮一慶氏は，この部分を講演や著書にて多く紹介している。筆者もこのことに賛同している。

の対価をもらうのが，ビジネスである」。

　どのような顧客の困り事，社会の課題を解決するのか，どのような価値を社会に提供するのか，何のためにその事業を行うのかが大切である。売上目標や営業目標の数字だけを目的にしないようにすることは，新規事業を考えるとき重要である。

　売上をあげる，利益を出すことだけを先に考えると，事業は成功しないと筆者は考える。しかし，売上をどれだけあげるかという発想になっている企業がある。

　売上目標（数字）と事業の目的は違うのである。

　経営コンサルタントの小宮一慶氏は，多くの著書やセミナー講演で，繰り返し，このことを述べている。筆者も小宮氏の考え方・主張に賛成である。

　自分たちはなぜこんな事業を行うのかという事業目的をしっかり考えることが必要で，それが先にないと，結果的に顧客や社会のニーズを捉えたビジネスにならない。儲かりそうだったら何でも行うことになってしまう。

　IoTのビジネスにおいては，IoTや人工知能がなかったときに不便だったことを解決する事業を提供する。

　たとえば，現場で機械・設備が故障してから顧客が修理の依頼の電話をして，メンテナンスに来てもらうまでに何営業日か待たなければならず，工場を止めねばならなかった，あるいは工事現場の作業を止めねばならなかった頃に比べ，そういったロスをなくすためにIoTを使って予測をし，前もって修理・交換をするサービスを提供すれば，顧客や顧客に関係する人たち，そして自社にとってもメリットがあるわけである。

　課題を解決するIoTのビジネスは，課題を解決するという事業目的があるのである。自社の利益だけを考えた企画は，なかなかうまくいかない。予算達成という発想，すなわち数合わせで行うと，よい結果は得られないと肝に銘ずるべきである。

　自社の強みを使って，他社よりうまく行うことを考えて，3つのポイントを考慮したビジネス企画が立案できるようになる。そして事業の目的と，自社のそもそもの経営理念やビジョンが合致しているかをいつも確認することが必要である。

理念に合わない事業は成功しにくいものである。

3.2.2 ▶ 事業ドメインや事業の仕組みが同じかの方向性

前述のとおり、どの分野で新規事業を行うかは、基本的に自社の強みを活かせる分野で行うということとなる。

そのとき、次のように2つのパターンに分けることができる。

> ①事業領域（地域ドメインも含む）が同じところで、新しいことをする
> ②事業の仕組み・業態（儲け方を含む）が同じもので、新しいことをする

たとえば、工場の生産ラインに人材を派遣していた会社が、ITエンジニアの派遣の会社を買収して新規事業として展開することは、派遣する先や人材の種類は違っても、人を採用して教育して派遣し、労務管理をするという事業の仕組みが同じとなる。

あるいは店舗でBtoCで自動車を販売していた会社が、同じ地域で、店舗でBtoCで携帯電話を売るという新規事業は同じ仕組みであり、また同一地域であれば地域ドメインでも重複するので強みを活かせ、成功しやすい。

自分たちの既存の顧客に対し、何か違う分野のサービスや製品、これまでと異なる仕組みの事業を提供するという戦い方は、同じドメインでの戦いとなるので成功しやすい戦略となる。

この①か②のどちらか1つでも重なるように取り組むことが大切である。

そうすれば自社の強みを活かせるため、どちらにも重ならないまったく新しいことを行うより、成功確率を高められる。

逆に両方とも初めての分野に進出すると二重苦になる。たとえば海外に進出し、日本でも行ったことがない事業を展開する場合などである。日本ですでにノウハウがあり、収益モデルを確立した事業を新しい国で行うなら、相対的に、成功率が高まる。

自社が今いる分野において新しい事業をどうしても発見できず、飛び地のようなところにまったく新しく進出せざるをえない場合はしかたがないが、避けたほうがよい。

IoTの事業展開においても，①事業を行っている領域（事業ドメイン）か，②事業の仕組み・業態のどちらかが共通する方向に進出したほうがよい。

　逆に，どちらにもノウハウがない，新しい知らない方向に進出するときは，その部分が得意な企業とアライアンスをして組むこととなる。

　ここにおいてもアライアンスの相互補完モデルの考え方が応用できる。

3.2.3 ▶ 新規事業は伸びている市場か，もともと巨大な市場へ！

　ここで改めて，3.2.1で紹介したドラッカーの事業の3つのポイントの「②市場があるか」を念頭に，伸びている市場の探索からの新規事業の発想について述べる。

　筆者がベンチャーキャピタルの仕事をしていたとき，投資審査において重視する，経営者の資質と並んでもう1つの大きな観点は，市場の成長性である。どんなに優秀な経営者でも，規模が伸びていない市場，とくに縮小している市場で事業を大きく伸ばすことは難しい。

　前述したとおり，ビジネスは，伸びている市場をねらうことが重要である。

　まず自社の強みは何かを考え，強みを生かせそうな分野を探すとき，市場が伸びているかどうか，伸びそうな市場はどこか，という視点が重要である。

　新規事業立ち上げにおいて，だいたいの方向性が定まってから市場規模の調査を行って，市場動向を調べる企業が散見される。それでは遅い。方向性を決める，方向性を探る段階，もっと言えば方向性を発想する段階で，伸びそうな市場はどこかという意識を強く持つことが大切である。新規事業の方向性を探る段階で，開発する製品や展開するサービスの内容にばかり意識がいって，市場の成長性のことを忘れている企業が散見されるので，注意が必要である。[8]

　しかし，伸びている市場の探索には限界がある。その解決策の1つは，もともと巨大な市場をねらうことである。

　巨大な市場は，新規事業において妙味のあるもう1つの分野と言える。そ

8　逆に，市場規模の算出ばかり意識し，そこでどのようなビジネスを行うかのアイディア出しに力が入らないケースも散見される。バランスが大切である。ただし，伸びそうなトレンドの方向性は検討してみる必要があり，IoTの分野は，その最たるものと言えよう。

うした意味で第1部で述べたように，IoTはこれからの新規事業の方向性として魅力がある。

市場の規模が拡大していなくても，新規参入でシェアを取って行けそうな大きな市場であればビジネスを拡大させていける。

例として飲食業界がある。嗜好の変化はあるにせよ，不況であるからといって人が食べなくなることはなく"巨大な胃袋"は市場となる。

飲食店が一番起業しやすいと言われることがあるが，それは既存の競合が多くとも市場規模が大きいため，新規参入する余地が十分にあるためである。

そのほか，物販や小売り，Eコマース，通信，Webマーケティング，介護，電力，物流などは大きなマーケットと言える。

自社の領域が伸びていない場合，自社の事業ドメインや売上構成比率を新規事業で方向転換させていくことが可能となる。

成熟した産業の企業や，業歴の長い企業で起こりがちであるが，もし今，ビジネスをしている領域，市場が伸びていない，将来にわたって伸びそうにない場合，これから伸びそうな市場をねらって事業をシフトしていく，もしくは思い切って新規参入しやすい巨大な市場に進出することが経営戦略において有益である。

市場の伸びを見極めて，ときには事業をシフトさせていくことは，企業経営の舵取りにおいて大切である。

「経営者人生のなかで，何度か追い風が吹いて，市場が拡大するチャンスの時期がくる。そのチャンスを摑まなければならない。逃がしたチャンスは戻ってこない」とある経営者が言っている。

どんな市場でも，規模が急拡大する時期や，縮小する（もしくは伸び悩む）時期がある。そのチャンスを摑んでいく，すなわち市場の伸び・拡大を意識して"戦う場所"を選び，勝負していくことである。自社の"戦う場所"の選択，つまり市場の選択が，自分たちの労力やリソースを有効に利用できるか否かのカギを握っている。

図3　既存領域が伸びない場合の事業領域のシフト

出所：ティーシーコンサルティング・ニューズレターをもとにして筆者作成。

3.2.4 ▶ 企業ドメインの再定義の必要性

　企業ドメインという言葉がある。「事業ドメインを束ね合わせたうえで，企業がどのような価値を提供していくかという企業の存在意義を示すもの」と筆者は定義する。

　企業ドメインで筆者が事例として出すものに，富士フイルムとコダックがある。

　どちらもフィルムの会社であったが，富士フイルムはフィルムの会社という企業ドメインの定義付けから総合的なヘルスケア企業になろうと変革し，その後も発展しているが，フィルムの会社という企業ドメインを変革できなかったコダックは破綻している。

　新規事業を考えるとき，たとえば筆者のコンサルティング先企業であった人材採用のWebサービスのエン・ジャパンの場合，人材採用の会社という企業ドメインにこだわると，新卒か中途採用か人材紹介などに方向性が限られてしまう。

　筆者が考えてみると，成長する中小企業を支援する会社という企業ドメインや，多方面のWebサービスを提供する会社という企業ドメインがありえるであろう。

　IoTの新規事業を考えるうえでも，自社は何の会社なのか，どういう価値を社会に提供しようとしているのかという企業ドメインから考えることが必要である。

　自社の既存の企業ドメインの捉え方では，IoTへの取り組みの方向性が出てこない場合，企業ドメインそのものを変える必要が出てくるかもしれない。

あるいは，IoTで取り組むことを俯瞰的に分析してみて，要するにどういうことか，そのIoTのサービスを構築・提供することによって今後，自社はどういう価値を提供していくのか，自社はそういう顧客や社会の問題を解決していこうとしているのかということから，改めて企業ドメインを再設定してもよいであろう。それらをIoTに取り組むなかで考えていくことが必要であり，そうしていくことで，先に述べた事業の目的が見えてくることが大いにある。

　自分たちはどういう会社か，第三者の目線を入れて検討することで，企業ドメインを発見し，再設定することもできるであろう。それがIoTをはじめとする新規事業の方向性の探索において有益となろう。

　IoTに取り組みながら，企業ドメインについて再検討することによって，自社のビジネスモデルを転換，進化させていくことが可能になる。ぜひ，この観点を持って実行してほしい。

第3章 IoT分野の新規事業においても営業推進が最重要

3.3.1 ▶ IoTにおいても「売る」部分を重視して企画をつくる！

新規事業において，次の要素の検討が必要である。

図4　新規事業立ち上げにおいて検討しなければならない要素

①	What	（何を？　売る製品・サービス）
②	Who	（だれに？　顧客ターゲット）
③	How	（どのように？　販売ルート・売り方）
④	How Much	（いくらで？　価格設定）
⑤	How Many	（どれだけ？　販売数量）
⑥	Why	（なぜ？　事業の目的）

出所：冨田（2014）をもとにして筆者作成。

　このなかで，アライアンスによるIoTに関する新規事業立ち上げにおいて，最後の売るという部分，すなわち営業を重視して企画を立てることが重要である。
　③のどのように売るかを企画段階から重視しないと，事業を構築して最終的に売上が立たない，キャッシュが入ってこない，営業が難しくて進まない結果に陥る。
　ビジネスは前述したように，⑥Whyの事業目的を最初に考える必要があるが，そのうえで，その意義あるサービスや製品，システムをどのように，必要とする企業や人に届けるのか，ということである。

どんな新規事業も売上が立ち，売上が増えていかなければ成功と言えない。
　新規事業構築は，営業力次第となる。筆者は，最後の営業展開のことをあらかじめ踏まえてサービスや商品の開発をするべきと主張する。新規事業立ち上げの企画段階でサービスや商品の営業チラシを作るくらいでちょうどよいと言えよう。
　既存の販売ルートを確立している大手企業の場合，自社の営業部門（営業部や支店，営業所）や販売子会社，販売代理店などをこれまでどおり想定しただけでは，新しいIoTのサービスをなかなか売っていけない。あるいは，事業企画が制限されてしまって成り立たない，希望する売上規模や事業サイズに届かない事態に陥ることがある。
　販売ルートや売り方（プロモーションの仕方を含む）についてはゼロ・ベースで新しく発想することが，IoTの企画立案において有益である。
　なお，営業推進が効率よく進むように，ワンフレーズで「これいいね！」とシンプルに良さがわかる企画にすることが大切である。回りくどい説明をしなければサービスや製品の良さがわからないようでは，法人営業であれば最後のところで営業マンが説得営業することになり，説明やクロージングに時間がかかる。
　Webマーケティングでコンバージョンを取るにしても，ひと目で良さが伝わる企画内容になっていなければ，コンバージョンがなかなか取れない事態となる。
　冨田（2014）でも述べたが，テレビの字幕スーパーは16字（句読点などが入ったとして17〜18字）となっている。
　これは，人間が一瞬で読んで理解できる文字数と言われている。
　新規事業の企画においても16字くらいのワンフレーズで「これいいね！」とわかる内容にすることは，最終的な営業展開において，効率に大きな意味を持ち，ひいては新規事業の成否を左右することになることを忘れてはならない。

3.3.2 ▶ 営業展開におけるアライアンスの有用性

　営業展開においては，第1部で少し述べたように，営業協力のアライアンスの活用を考えていくとよい。新規事業立ち上げにおいて，あり余るほどの直接の営業部隊をつくれる企業はない。どう補うかは，外部をいかに活用するかに尽きる。

　営業協力のアライアンスができなければ"資金資源"と"販売資源"を交換し，お金を払って営業代行会社にアウトソーシングしていくことも有効な手段となる。

　新規事業だけでなく既存事業の売上拡大において行き詰まりを感じたら，ディール・フロー（Deal Flow：案件の流れ）の構築，営業展開の面でのアライアンスを考えることが突破口となりうる。

　提携先が持つ顧客層を一気に獲得することを目指して，アライアンス先を探索してみよう。その推進にあたっても，第2部で提案・解説したアライアンスの相互補完モデルの考え方を踏まえて実行するとよい。

　新規事業の成否を決めるのは，最終的に売上がどれだけ得られたかである。
　本書では，IoTに限らず営業展開におけるアライアンス活用で，売上拡大を目指すことの有用性について述べておきたい。

　ターゲットが同じ企業同士の営業協力や，すでにターゲット顧客層を抱える企業との提携でディール・フロー構築していくことは大切である。

　ここで，営業先が共通の企業同士の営業先の共同利用について，少し掘り下げて述べておく。すなわち，直接の営業部隊による営業だけでなく，ターゲットが同じ企業同士の営業協力のアライアンスの検討である。

　まず「直接営業」だけの営業展開での限界についてである。
　どの会社にも直接の営業マンがいるわけであるが，直接の営業部隊による営業だけで順調に売上拡大ができればよいが，それだけでは限界がある場合がある。

　法人営業（B to B）において営業マンを増やしていくには，素養のある人材を採用し，営業力を身に付けさせる教育が必要となる。正社員の営業マンは，固定コストが高く，急激に増加させることが難しい。

　また，飽和状態となっている商材の営業や，どこに顧客企業が存在するか

の見通しがつけにくい商材の営業では，営業マンによる"飛び込み"営業は効率が悪い。

個人向けの営業（B to C）においても，単価・粗利の高い商材であれば，営業マンがひたすら営業をして成り立つ場合があるが，スケールを大きくしていくにあたって，直接の営業部隊だけではスピードが遅くなってしまう。

人間の営業マンではなくWebマーケティングにより，Webでの問い合わせで増やすという方法があり，Webマーケティングはどんなビジネスにおいても取り組む必要があるが，リアルなコンタクトでの営業展開のほうが訴求力が強いケースが多い。

次に，冨田（2012）や冨田（2014）でも取り上げたディール・フローの構築についてである。

Deal＝案件，Flow＝流れ，という意味である。Deal Flowを構築し，確立することが大切だと，ベンチャーキャピタルや投資銀行の業界ではよく言われる。

これは，ほかの業種での営業展開においても同じである。

直接営業だけに頼るのではなく「案件を紹介してくれる提携先を増やすことで，継続的に案件が入ってくる流れをつくる」ことが重要となる。

すなわち，ねらう顧客層とつながっている企業や，すでに顧客をネットワークしている企業，営業先（ターゲット）が同じ企業と組む（＝アライアンス）ことである。

滝のように案件（＝Deal）が流れてくる，ターゲット層とのリレーションを持つ提携先をつくっていき，提携先から一定ペースで仕事が流れてくるようにする。

法人営業展開において，営業して獲得してきた企業群と違う新しい方面の企業群と付き合う場合も，営業協力の提携先をつくることは有益である。

直接営業だけでなく，新しい販路・商流をつくる発想や取り組みは，もっと多くの企業が取り入れるとよい方策である。

個人をターゲットにする場合，顧客を1人1人開拓していては時間がかかる。

そこで，すでに個人顧客を多く抱える企業と組む，ということとなる。

たとえばクレジットカード会社は数千万人もの顧客情報を持っているし，ダイエット食品の通販会社は数百万人という過去の購入者データがあり，Eコマースの展開をする企業も数十万人のメルマガ会員を有している。

それらとの融合，連携によって生み出されるものは大きい。

3.3.3 ▶ 営業展開におけるアライアンス（ディール・フロー構築）の例

ディール・フロー構築の事例として，次のようなものがある。5つほど紹介する。

①**工場の排水・排ガスのシステムの会社とアスベスト調査の会社**

工場の排水・排ガスのシステムの会社は，定期的にメンテナンスの担当者が工場を訪問する。他方，工場のボイラー室などではアスベストが使用されており，その調査が必要。個別に工場に営業をかけるのではなく，提携先からの紹介を受けて，作業をして，紹介料を支払う。

②**紙オムツなどの物販会社とヘルパーの勤怠管理のスマホ・システムの会社**

両社は介護施設が営業先であり，どちらかが開拓した介護施設には提携先のサービスの紹介をする。新規開拓での訪問の際には，自社のサービスが売れなくとも提携先のサービスを売ってくる。営業ターゲットがどちらも同じのため，連携する。

③**飲食店向けPOSレジの会社と飲食店の集客のFacebookツールの会社**

ルート営業でPOSレジの営業をする担当者が，システムの入れ替えまでの顧客との関係構築のために，集客ツールをドアノック商材として活用。Facebookツールのベンチャーは営業マンを十分抱えていないため，その不足を補完。

④**健康食品の既存顧客データを持つ会社とウォーター・サーバーの営業会社**

これまで自社商品を購入してくれた個人顧客データを持つ健康食品会社と，その顧客および今後の新規顧客向けにウォーター・サーバーの告知やオプション・サービスを提案したい会社が連携。どちらも定期購入でB to Cの商材

であり，ターゲット顧客層が共通。両社が協力し，定期購入プランを構築。

⑤**不動産オーナー向けマンションの建設会社と光ファイバー・ネット回線の会社**

　分譲の新築マンションを建てるとき，購入者に光ファイバー・ネット回線の特別プランを案内する。また，賃貸向けの新築マンションの場合はリーシングをしやすくするために，もとからあるネット回線を整備し，ネット利用し放題のプラン込みの賃貸マンションとする。光ファイバーのネット回線は，引っ越しやマンション購入のタイミングが絶好の営業局面である特性を活用。

　以上のような事例がある。なお，これらには実際に接触したが，特殊事情により，最終的には成立しなかった事例が含まれている。
　提携先をつくるために，成約率をあげる試行錯誤（PDCA）の徹底が求められる。
　ディール・フローとなる提携先を増やすにあたってのポイントは何であろうか。
　それは，販売代理や紹介をする提携先側の立場で考えるとわかりやすい。
　①手離れよく，案内ができる内容かどうか，②紹介できた場合の紹介料（もしくはマージン）が大きいか，という2つが主なカギとなる。
　本業の営業に加えて他社のサービスや商品を扱う場合，説明に多くの時間が必要だったり，説得する労力が必要だったりすると扱いにくいものである。
　自社のサービスや製品を営業展開してもらう代わりに，他社のサービスや製品を営業する場合，わかりやすい内容で案内がしやすく"トス・アップ"が容易にできるものでないと難しい。先に述べたように「これいいね！」とすぐわかってもらえる企画になっていることが，ここにおいても大切である。
　また営業協力とはいえ，販売代理をする場合，成約したときの紹介料（もしくはマージン）は大きいほうがよいはずである。サービス構築において，営業協力をしてくれる提携先に分けられるくらいの高い収益構造にすることも求められる。
　営業展開のアライアンスをしてくれる提携先を発掘し，よい提携をするた

めには，自社の直接営業部隊による展開でノウハウを積み，成約率が高くなるような試行錯誤（PDCA）をして精度を高め，それを持ってアライアンス候補先企業に依頼することが大切となる。

　ときおり，自社で売る努力をまったくせずに，他社に売ってもらおうとする会社があるが，本末転倒であろう。自社で売れる仕組みを構築し，そのうえで提携先に売ってもらうステップを踏むべきで，そのほうがアライアンスによる営業展開が進みやすい。

3.3.4 ▶ アライアンス・コンステレーションで新しい収益を創出

　企業が連携して営業活動を行ったり，事業展開をすることは，アライアンス・コンステレーション（Alliance Constellation）という概念で捉えることができる。

　アライアンス・コンステレーションとは，企業がバラバラに活動するのでなく，グルーピングして"群れ"として活動することで，メリット・利益が新しく生み出されるということを意味する。

　これは，信用などの非経済的なものを取り扱う社会的交換理論によるアライアンス研究において，Das and Teng（2002）などで研究されている。

　アライアンスによって営業連携をすることにより，個々の企業が独立して行うだけでは生み出せなかった売上や利益をつくっていくことにはメリットがある。

　筆者はかつて2010～12年頃，自社で「スイミー構想」（次ページ）を展開していた時期がある。『スイミー』という絵本があり，小さな魚が群れとなって大きな魚の形となって，本当の大きな魚と戦ったという話である（赤い小さな魚たちのなかで黒色のスイミーは目の部分を担う）。バラバラでは生み出せない価値（バリュー）がグループとして連携することによって生み出されるという考え方は，今でも有効だと筆者は考える。

図5　スイミー構想

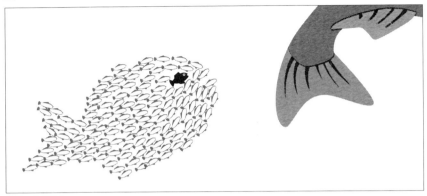

出所：筆者作成。

3.3.5 ▶ 新規事業チームの適正人数は何人か？

最後に新規事業チームの構築について述べておく。

IoTの事業化を含め，新規事業立ち上げを行うとき，新規事業チームをつくることが必要となる。新規事業チームは，何人で構成するのが効果的であろうか。

筆者は日頃から，新規事業の担当者の人数を見ていて多すぎると感じることがある（新規事業向け人材の確保が課題となるケースが多々あるが）。

チームの人数が多すぎると，非効率が生まれる。

筆者は2〜3人，せいぜい6人が適正と考える。メイン担当者1人，そしてサブ担当者1人の合計2人で最低人数として機能する。

AmazonのCEO，ジェフ・ベゾス氏やEvernoteの元CEO，フィル・リビン氏の主張している考え方，そのほか，学術的なチーム肥大化による問題の理論的背景を紹介しておきたい。

筆者が注目している参考になる考え方は，次の4つである。

① 2枚のピザ説　Jeff Bezos（Amazon CEO）

AmazonのCEOのベゾス氏は，チームのサイズ（人数）を選ぶ基準として，

生産性の観点からピザをたとえとしてあげている[9]。2枚のピザで賄えないチームは大きすぎるというのである。つまり，ピザを1人が2切れ食べるとして，1枚のピザを6〜8切れにすると考えると6人から8人を意味している。

②ディナー・テーブル説　Phil Libin（Evernote 元CEO）
　Evernoteの元CEOのリビン氏は，開発チームは5〜8人がよいと，『ハーバード・ビジネス・レビュー』のインタビュー[10]で答えている。開発は，ディナーでの会話を9カ月間続けるようなもので，ディナーテーブルを囲んで会話が成立するくらいの人数がよいという考え方である。また，Evernoteの仕事が使命と考える人が集まっていることが大切で，Evernoteの仕事を単なる仕事と考える人が増えないようにしていると述べている。

③集団脆弱性　Richard Hackman（ハーバード大学心理学部 教授）
　ハーバード大学心理学部教授のリチャード・ハックマン氏は，チーム肥大化の問題を指摘した学者である。世の中の「チーム礼賛」の風潮に対して疑問を呈したチーム研究の第一人者であり，世の中で信じられているチームワークに関する定説が真実ではなかったことを暴いた学者である。「リソースの豊富な大きなチームより，限られたリソースの小さなチームのほうが生産性が高い」と主張する。
　メンバーが増加することによって，メンバー間の関係性の量は次ページのの式で説明できるように，急激に増大する（図6）。
　ソーシャル・ロウフィング（Social loafing，社会的手抜き説）や貢献度の配分ミスなどが発生し，メンバーがやり遂げるために対応しなければならないプロセスでの問題が増大し，急激に脆弱性が生じる。それは関係性の数として説明できる。
　関係性が増大することで，メンバー間のコミュニケーションは，課題につ

9　『The Wall Street Journal』October 15, 2011の記事を参考にして作成。
10　2013年12月『ハーバード・ビジネス・レビュー』（日本語版）Evernote・元CEOのフィル・リビン氏のインタビュー「企業文化こそ製品の価値である」に，同氏の考え方がよくまとまって掲載されている。

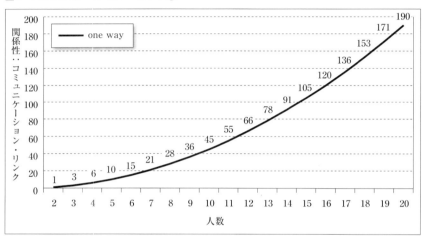

図6 コミュニケーション・リンク①

いて話をするより，一般的，表面的な会話をすることが必要とされ，コミュニケーションの質も低下するのである。

④社会的手抜き説　Maximilien Ringelmenn（ドイツの心理学者）ほか

「社会的手抜き」については，ドイツの心理学者リンゲルマン氏をはじめ，多くの心理学者や組織論の学者が論文でまとめている。

　1人で作業をするときと反対に，集団で作業するときに発生する没個性（deindividuation）の現象として発生するものが「社会的手抜き」と呼ばれるものである。意識的か無意識的かに関係なく，1人で行うときよりも集団状況でのほうがより多くの努力が発揮されないことが明らかになっている。一般的には，図6〈コミュニケーション・リンクの一般的な式〉によりコミュ

ニケーション・リンク（人と人の関係）の増大が説明される。

以上が一般的なものであるが，筆者は，逆方向の関係性を考えれば，式の「割る2」が取れると考える。

〈双方向を加味した式：冨田作成〉

$$\sum_{k=1}^{n} k = n(n-1)$$

※双方向でカウントするため，「割る2」を取ってある。

この式によるコミュニケーション・リンクについて，グラフにした。グラフに重ねてみると，図7のようになり，さらにコミュニケーション・リンクが加速度的に増大していくことがわかる。

なお，米国のギャラップ社の調査（2014年）では，10人以上のチームでは組織への関与度が一気に低下することが明らかになっている。

これらのことからもチームの人数は10人未満，そして先に紹介した米国を代表する2人のIT企業のCEOの経験的法則からは5〜8人がよいであろう。

ちなみに，ハーバード・ビジネス・スクールでのグループの単位は，6人

図7　コミュニケーション・リンク②

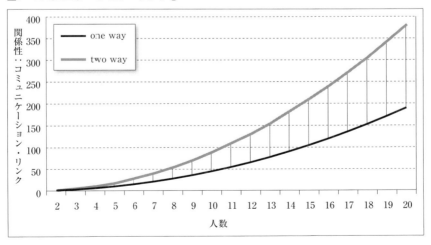

以内とされている。

　もし組織のチームや1つの会議体の人数が，この人数を超えていたら見直しを検討する必要があり，また新しくチーム編成を行うときは人数が多くなりすぎないように注意が必要である。

第4章 人工知能の中長期的な影響とIoT全体をコーディネートする人材の必要性

3.4.1 ▶ 人工知能の進化の中長期的な影響

　会社経営や経営戦略とは，どの方向に舵を取るかということである。

　社会の変化，たとえば少子高齢化や人工知能の発達や普及というトレンドが中長期的に世の中にどのような変化を与えるか，自社の業界にどういう影響を与えるかを見極めることが重要である。

　人工知能の普及で減退するビジネスの最たるものは，損害保険であると筆者は考える。損害保険会社の売上の約4割が自動車保険であり，損保業界は自動車の普及（モータリゼーション）とともに発展してきた業界だからである。とはいえ，支払わねばならない部分も減るので大丈夫だという主張があるが，そうではないだろう。

　米国に住んだことがある人はご存じだろうが，米国では州ごとに自動車の保険料が異なる。州ごとに事故率が違うからである。

　当然，事故が多い州と少ない州で保険料が異なるが，今後，IoTで各個人の運転の仕方，急ブレーキをかけるか，急発進していないかなど，安全運転に関するデータが蓄積され，あまり事故を起こさなさそうだという人は保険料が下がると思われる。逆に上がる人もいるであろう。

　5年間無事故ではあったが運転していないからゴールドカードだというような人は，次に運転したとき事故を起こす確率が高いであろう。今後はそうした各個人の運転の安全度合いをデータ蓄積し，精緻に料金設定されるようになると思われる。

しかし，富士重工業（スバル）のアイサイト搭載車の事故は61％減少するとのデータがあり，損害保険ジャパン日本興亜のデータによれば，自動アシスト付き自動車は，事故が２割減少するとされている。必然的に自動車保険料は低下することになり，損害保険会社の売上は下がるであろう。事故の減少で補填支払いが減るとしても，売上減少のインパクトのほうが大きいであろう[11]。

　このように自社がいる業界において，人工知能の発達・普及がどのような影響を中長期的に与えるかを個別に分析してみることである。

　第１部においても少し述べたが，自動化だけでなく，人工知能といかに共存するかの視点が大切である。人工知能の発達によって"人間が行っていたことが人工知能に代替される"という自動化の流れはたしかにあるが，ビジネスにおいて人工知能を利用することや，それが人間の生活をどう豊かにするかという視点だけでは不十分である。

　人工知能には，後述するように得意なことと苦手なことがある。また，コスト面で，すべての作業が人工知能によるロボットに置き換わるわけではない。

　たとえば，工場で細かなオーダーメイドの生産作業をする場合，設備投資を行うより，人間が作業したほうがコスト面で採算が合うことがあるし，果物を傷つけないように収穫し，人の洗髪を行うロボットの手などは価格が高いため，そうした作業は当面，人間が行うであろう。

3.4.2 ▶ 人工知能とのオーグメンテーションが重要

　人工知能の発展・普及には，自動化（automation）だけでなく，オーグメンテーション（augmentation）がある。すなわち，人工知能と人間が共存し，人間の作業を深化・向上させるという方向性である。

　拡張現実をAugmented Reality（AR）と言うように，オーグメンテーションは拡張・増強という意味である。人工知能を用いることによって人間が行

11　昨今，日本の損害保険会社は，アジアの損保会社を買収するなどしてアジアでの展開に力を入れている。それは，アジア諸国は所得水準が日本よりまだ低いため，高価な自動アシスト付き自動車などが普及するまで時間がかかるとすれば保険料は引き続き高いままで，下がるまでに時間がかかるからだと思われる。

う作業や判断をより高める，深化させるという方向で人工知能を利用し，共存を考えていく。これは，Davenport and Kirby（2015）においても主張されている。

　AIにできることはAIに行ってもらい，人間は人間にしかできないことや，AIのアシストにより，さらに深化・拡張されたレベルの仕事に取り組むと考えるほうが，単に人工知能に仕事を奪われると危惧するより有益である。

　ポイントは，人間が行うことと，人工知能が行うことの代替可能性の分析でなく"共存""協調""相互補完"という方向性である。

　たとえば日立製作所の事例では，物流施設において，季節変動だけではないイレギュラーな荷物量の変動を，人間によるプログラムの修正だけでなく，人工知能を用いたほかの分野のビッグデータ解析の成果を用いることで，作業効率が36％向上したという[12]。

　2016年3月に米国Googleが買収した英国のディープ・マインドの「アルファGo」が囲碁の世界チャンピオンに勝ったことは，エポック的なことであったが，囲碁や将棋のプロは昨今，人工知能に新しい打ち手を考えさせ，それを自分の実践に活用しようとしている。それもオーグメンテーションの1つと言えよう。

　そのほか，現在は，不動産鑑定士である人間が不動産価格を算出しているが，今後は人工知能が，不動産価格に影響を及ぼすさまざまな要因のデータを機械学習で分析し，モデルをつくり，価格を出すことになるだろうと筆者は考える。

　士業のように，一定のルールに基づいて作業を行う職種は，人工知能に代

12　『日経ものづくり』2016年2月号に「AIが物流作業を人に指示して効率化」として，日立製作所の事例が掲載されている。AIへの入力は過去の集品作業の指示データと実績データで，AIからの出力は作業時刻と特定棚の混雑の相関関係とする物流倉庫での事例である。物流倉庫では，季節による定期的な需要変動と，予測が難しい急な需要変動があるが，人間がプログラムを書き換えるだけでは対応しきれない部分を，人工知能が現在の注文動向と類似する過去のデータを選んで学習し，業務システムのプログラムを逐次更新し，AIと人間が互いに学び合って作業効率を高めることができ，作業時間を36％減らせたとのこと。人間と人工知能の能力を組み合わせて共存し，さらにレベルアップさせている。人手頼みだった少量多品種の商品を扱う集品作業の効率をアップさせている。

替されやすい。しかし人間は人間にしか判断できないこと，人間にしかできないことに特化していくことで，生産性や正確性を高めていくことができる。

　医者は，今は自分が学んだり経験したりした臨床例や，学会で聞いた事例などから診察の判断をし，治療方針を立てて処方箋を書いている。

　今後は日本においても，米国のHealth Level 7（HLセブン。カルテを完全に電子化し，データを一元管理し，処方箋・会計まで連動するシステム化の様式のこと）と同じような電子カルテの共通の仕組みが導入され，医療現場での人工知能の活用が急速に進むであろう。

　フィンテックでは，クラウド・レンディング（ネット上からの申し込みで，審査をして貸し出しを行うカード・キャッシングなどの個人向け融資サービス）において，個人の消費や貯蓄，投資行動などのデータから人工知能が分析し，デフォルト・リスクなどを算出し，融資判断をしたほうが，人間が計算するより正確な判断ができ，疲れ知らずに多くの審査をすることができる。

　しかし，企業向けの融資において，経営者のビジョンや人生観，価値観，その事業の社会における意義などを判断することは，人工知能には難しい。そうしたことは人間が行うこととなろう。ある程度までの審査は人工知能が行い，結果を参考にしながら人間が判断をすることがオーグメンテーションの好事例となる。

　他方で，たとえばビールやジュースなどの飲料メーカーの工場に労働者を派遣している企業があるが，その仕事はなくならないだろう。

　飲料メーカーは，夏に缶チューハイなどで多くの種類の味を期間限定で発売するが，その作業を，設備投資をして人工知能で制御して自動化するかと言えば，そのコストより安くできる人間が行ったほうがよいということになり，人工知能による自動化に代替されないであろう。

　高価でプレミアムとされる桃を収穫するときは，つぶさないようにしなければならない。ロボットには，桃をつぶさずに収穫する性能を持つアームが存在するが，価格が高く，コストとの兼ね合いで人工知能に置き換わらない。

　美容室でのシャンプーの作業は，高額な設備投資より安い人件費で人間が行ったほうがよい作業である。

　飲食店における作業は，アルバイト代の安い人材が行ったほうが，人工知

能やロボットに投資して自動化するより，コストが低いことがある。

　悲しい話ではあるが，そういう現象もあることを理解しておくことである。

　人工知能が得意なことと苦手なことを見極めることが大切となる。

　筆者は人工知能にできないことが主に2つあると考える。（第1部の第3章でも少し触れている）。

　1つは創造性である。第1部の第3章でも述べたように，小説をまったく新しくつくるといった作業は，人工知能は苦手である。

　とくに機械学習は，人間が行ったことを学習したり，多くのデータを分析して予測したりはできるが，アートなどを独創的に創造することができない。

　つまり，売れているTシャツのデザインを分析し，今売れそうなTシャツのデザインを提案することはできても，まだ存在しない新しいTシャツのデザインを創造することができない。

　料理レシピのウェブサイト「クックパッド」には，IBMの人工知能のワトソンを用いた「シェフ・ワトソン」があるが，これは過去に人間が創り出したレシピを分析し，このメニューはおいしいと提案することはできても，人間がつくったことのない新しいメニューを開発することはできない。

　人工知能ができないことの2つ目は，倫理を判断できないことである。

　たとえば，自動運転の車は，どちらかにぶつからざるをえないとき，どうするかの判断ができない。

　人工知能は，すでに米国のいくつかの州の司法試験に合格しているが（判例を覚えさせることによって達成），離婚裁判などにおいて勝つことはできても，倫理的な価値判断ができないという欠点がある。

　2016年3月，米国マイクロソフトがツイッターで公開した人工知能「Tay」が，ユーザーとのやりとりから人種差別や陰謀論を学習し，不適切発言を行い，公開から半日で緊急停止されたが，これは人工知能には倫理的な判断ができないという欠点を露呈したものと言える。

　人工知能の得手不得手を見極めて，ビジネスへの利用を考えていくことである。人工知能の発達は，かつて，インテルの創業者の1人のゴードン・ムーアが言ったムーアの法則（Moore's law）の「集積回路上のトランジスタ数

は18カ月（＝1.5年）ごとに倍になる」と同じようなスピードで進化していると言ってよい。

　人工知能は今後，さらに発達していくことは確実である。発達を引き続き注視し，いかに盛り込んでいくかが新規事業立ち上げにおけるカギとなる。

　第1部の第3章で述べたとおり，人工知能はオープン・ソースになっており，1から自分で開発することを考える必要はなく，いかに使うかを考えることである。

　人工知能による代替だけでなく，オーグメンテーションを踏まえたビジネス企画が増えることを期待したい[13]。人工知能とのオーグメンテーションが，これからの新規事業の検討において，カギになると筆者は考えている。

3.4.3 ▶ IoT全体をコーディネートする人材の必要性

　第1部の第1章でも述べたように，2015年にIoTは「ハイプ・サイクル[14]」の「過度な期待」のピーク期を迎え，2016年はやや幻滅期に入っている。

　2016～17年でしっかりIoTの事業構築に取り組んだ企業が，今後，安定成長期にさしかかった2018～20年以降にIoTを収益事業にしていけるであろう。

　IoTが新規事業のメイン・フィールドであることは，疑いないことと筆者は感じている。チャンスはたくさんある。IoTはこれからが正念場である。

　そこで必要なのは，IoTのシステムやサービス開発，そしてIoTの事業の全体をコーディネートできる人材である。IoTの事業全体をトータルでコーディネートできる人材がいないとIoTビジネスは進まない。

　IoTにはハードとソフトの両面が必要であり，さまざまな要素を複合的に

13　追加で人工知能を開発してから事業化を考えるより，今開発済みの人工知能の技術でできることを検討することが大切である。今から追加で開発となると，2～3年かかり，資金は数千万円から数億円が必要になるなどして，実現する確率が半分くらいである。これでは，事業開発や新規事業の担当者として，マネジメント層から早めの事業化を求められている場合に対応できない。そこが人工知能をビジネスに応用させるとき，とても重要であると筆者は考えている。

14　新たな技術が生まれ，黎明期⇒「過度な期待」のピーク期⇒幻滅期⇒啓蒙期⇒成熟した技術として市場に定着していくサイクルのこと。ハイプ（hype）は誇大広告の意味で，過度な期待の高まりのことを指す。

組み合わせることが必要である。本書ではIoTの収益化において，複数の企業のアライアンスが重要であることを主張した。ただ，それを実行していく人材が，日本においてもっと増えることが必要であると筆者は考える。

　センシングの部分やICTのネット接続・クラウドの部分，そしてビッグデータの人工知能での解析の各部分の専門家は，日本にも多く存在している。

　しかし，IoTの事業全体を把握し，事業としての収益化，サービスの営業展開までをトータルで理解して推進できる人材が少ない。

　IoT事業全体をコーディネートする人は，IoTを構成する各要素の中身にすべて精通している必要はない。それより，各部分の本質的なポイントを理解し，機能と意味を理解し，関係する人たちにわかりやすく説明する能力が必要である。

　また，本書で述べたようなアライアンスの基礎理論やマッチングのメカニズムを理解し，提携先の発掘を含め，アライアンスを推進できることが求められる。

　IoT全体をコーディネートし事業化を推進する人材には，アライアンスの意義や仕組み，推進の仕方を理解して実行できることが必須の能力となる。

　これから日本においてIoTをビジネスとして各企業が収益化していくにあたり，そしてトータルにIoT事業を推進できる人材が重要であると筆者は考えている。

　以上，IoTの仕組みおよび収益化，アライアンスのマッチングのモデル，そしてアライアンスの推進の仕方について述べてきたが，日本の企業がIoTを事業化していくにあたり，本書が役立つものとなることを願っている。

おわりに
～経営判断の軸を示すための経営学

　本書では，新規事業のメイン・フィールドであるIoTの仕組み，IoTにおいて重要な役割を果たす人工知能の特性，そしてIoTの収益化においてアライアンス活用が重要であることを述べた。

　また，筆者の慶應義塾大学からの博士号取得研究であるアライアンスのマッチングの数理モデルを紹介した。さらには，新規事業立ち上げにおいて留意するべき事項について解説した。

　本書は，IoT分野の新規事業立ち上げに関する実務書の側面と，経営学研究の学術書という側面の両面を持っている。そもそも筆者は，経営コンサルティング会社の社長として実務家の側面と，経営大学院の教授として研究者の顔の両面を持っている。本書を締めくくるにあたり，実務界と学界の両面を知る者として，経営学の持つ役割に関する考えを述べておきたい。

　ビジネス界には，経営学が実際の会社経営や実務に役立つかどうかという議論がある。その答えは，筆者は経営学の使い方次第であると考えている。

　経営学の研究者たちは，世界的なトップ・ティア（Top Tier）の学術ジャーナルにどれだけ査読論文を載せられるかで，しのぎを削っている。

　トップ・ジャーナルに論文が掲載されるには，ブラインド・ピア・レビュー（Blind Peer Review）[1]と呼ばれる学会員を中心とした匿名の査読者（Reviewer）

---

[1] 多くの場合，学術ジャーナルに論文が掲載されるかどうかの審査は，2人以上によるダブル・ブラインド・ピア・レビュー（double-blind peer review）となる。海外で相応のレベルにある学会での発表においても，フルペーパーの論文もしくはプロシーディングス（Proceedings）と呼ばれる研究内容を数ページでまとめた要旨によって，事前に査読のプロセスがあり，査読が通らないと学会発表が行えない。査読（Review）が通って論文掲載や学会発表が許可されることをアクセプト（accept），却下されることをリジェクト（reject），

による査読を通って,ジャーナルにアクセプトされることが必要である。学者としての評価は,権威のある学会誌・ジャーナルにいかに多くの論文が掲載されるかにかかっている。とりわけ,米国の大学においてはテニュア(tenure)と呼ばれる大学教員としての終身雇用資格を取得できるかどうかが若手研究者にとって高い関心事であり,それは有名なジャーナルにいかに十分な本数の論文がアクセプトされるかによって判断される。

そのため経営学の研究者は,いかにジャーナルに論文を掲載するか,すなわち査読を通すかがファースト・プライオリティ(第一優先)にならざるをえない。経営学の学問の系譜のなかで,いかに理論フレームワークを発展させたり,統計処理による計量分析によって,新しい事実を発見したりできるかに注力することになる。

もちろん経営学者は,自分が研究したことが実際に世で役立つものとなることを願っているわけであるが,研究活動ではいかにトップ・ジャーナルに論文を通すかが重要となるため,実務的に役立つ研究かどうかという観点は劣後せざるをえない。研究面での競争が激しくなればなるほど,研究が細分化されて深化していけばいくほど,実務面で役立つかどうかという視点からは遠くなる傾向があるように筆者は感じる。そのためビジネス界の方は,トップ・ジャーナルに掲載された論文であれば実務に実際に役立つだろうと思われるかもしれないが,必ずしもそうではないということが起こる。

他方で,そうした競争のなかから生み出された経営学の新しい研究成果は,まったく実際のビジネスに役立たないと考えるのは乱暴過ぎる。

査読委員をレビュワー(Reviewer)と呼ぶ。この査読のプロセスは,一般的にあまり知られていないが,研究者にとっては極めて重要なこととなる。

2 経営学研究には大きく分けて,事例分析を中心として法則性などを理論化していく定性研究と,Stataなどの統計ソフトを用いた統計処理によって計量分析を行う定量研究の2つがある。たとえば,AoM(Academy of Management)の発行するジャーナルでも,AoM Reviewは定性研究が中心であり,AoM Journalは定量研究が中心になっている。筆者がこの数年,AoMに参加した印象では,およそ8割が重回帰分析による定量研究になっている。

入山（2014）が述べているように[3]，筆者も，経営学を「思考の軸」として使うことが大切であると考えている。

　たとえば，本書の第2部で紹介したアライアンスの数理モデルによる相互補完強度係数は，それだけで現実社会におけるどの企業とどの企業のマッチングが最適であるかを正確に指し示すことは，まだできない。しかし，こういった意思決定の判断の指標となる係数を用いて意思決定を行うのと，感覚だけの当てずっぽうで行うのとでは，合理性が異なってくる。その面で，当該数理モデルは経営学の研究成果として，意味があると言える。

　経営学が実際のビジネスに役立つかどうかは，経営学の成果を用いる側，つまり実務家の利用の仕方次第である。冨田（2015）に掲載した「MBA流問題解決の手法」にて解説したように，経営学の理論研究や実証研究からインプリケーションを導き出して，自分の解決したい課題に当てはめ，応用させるというステップが必要となる。

　また，自分の直面する課題に，経営学のどの理論が適しているのか判断する能力を身につけて，経営理論を選択して用いることも重要である。筆者は，2017年4月から立教大学大学院ビジネスデザイン研究科（MBA）の教授として教鞭を取るが，実務経験のある教員として具体的な課題に対し，経営学の研究成果や新しい理論をどのように用いるかを重視していこうと考えている。

　世界の経営学は，米国流の研究手法（リサーチ・メソッド）への急速な国際標準化の流れにある。世界最高峰の経営学会であるAcademy of Management

---

3　入山（2014）では，経営学に「答え」を求める人と，経営学を「思考の軸」として使う人を比較している。まず「経営学で主張されていることが，すでに自社で取り入れられている場合」，前者は「すでに取り入れられているので，経営学は役に立たないと感じる」後者は「自社で取り入れていることの是非を理論的に確認し，深める」と分析している。また「経営学で主張されることが目新しかった場合」，前者は「抽象的なので，すぐに役に立たないと感じる」とし，後者は「その軸を基に，実務への思考を深める」と分析している。

（AoM）[4]などの国際学会では，毎年約1万人の参加者のうち，米国人は半数以下である。アジアやアフリカ，中南米など途上国の大学の先生の参加も多いが，彼らの多くが米国の大学でPh.D.（博士号）を取得し，多くが米国流の研究手法を身につけており，国際標準化は米国流への統一化とも言える[5]。日本人学者の国際学会でのプレゼンスの低下が懸念されており，より多くの日本人が臆することなく新しい経営学分野での研究成果を学会で発表していくことが期待されている。

　筆者の母校である慶應義塾大学には，創設者の福沢諭吉先生からの実学の精神があり，とくにSFC（湘南藤沢キャンパス）は複数の学問領域を学際的に用いることで，現実社会の問題を実際に解決することに20年以上前から取り組んできている。筆者の博士学位論文の研究も，経営学のアライアンス研究にサイバー・ノンフォマティクスの分野の数学のモデル化の手法を取り込んだ学際的な研究である。本研究は福沢先生の実学の精神に則り，現実のアライアンスの意思決定に役立つ研究を目指した。

　筆者のアライアンスのマッチングを数学表現するモデル構築は，まだこれから研究を発展させて，より現実に近い形へと進化させていく必要がある。今後さらに発展させて「経営判断の軸」となる研究へと成長させていきたい。

4　AoMのWebページは，http://aom.org 。会員になるとAoMが発行する学術ジャーナルに掲載された論文をPDFですべて読むことができる。なお，2016年8月に米国のアナハイムで開催されたAoMの年次大会への筆者の参加報告は，ティーシーコンサルティングのニューズレター2016年9月号に詳細を掲載している。URL：http://www.tcconsulting.co.jp/wp-content/uploads/TC_NewsLetter_201609.pdf　また，2015年8月にカナダのバンクーバーで開催されたAoMの年次大会の参加報告は，同2015年9月号に詳細を掲載している。URL:http://www.tcconsulting.co.jp/wp-content/uploads/TC_News_Letter_201509.pdf
5　AoM2017の全参加者10685人のうち，米国人は4450人であり，半数以下である。日本人は登録者53人だけで，全体の0.5％に過ぎず，国際学会でのプレゼンスが低下していると言えよう。ちなみに韓国人は159人，中国人501人，ドイツ人548人であった。

最後に，本書で述べたように，今日のようなモノ余りの成熟した産業状況においては，新規事業立ち上げの新しい方向性はIoTの取り組みやAIの活用しかないように考えている。少なくともメイン・フィールドであることは間違いないであろう。

　筆者の専門領域は，本書の構成のとおり「新規事業×アライアンス×IoT & AI」である。今後とも筆者は，この3つの領域を組み合わせることをキーとしてこの領域において，実務の世界と学問の世界の橋渡しをすることに全力で取り組んでいきたい。

　本書を締めくくるにあたり，その決意を新たにしているところである。

2017年3月

外苑前の青山通りのオフィスにて

冨田 賢

付　録

付録１：相互補完モデルの最もシンプルな特徴数４つでの構築
付録２：８つの特徴数での評点付けの４つの因子としてのクライテリア
付録３：相互補完モデルの特徴数が奇数のケースについての考察
付録４：日本における企業間アライアンスの最近の状況と傾向

付録１：相互補完モデルの最もシンプルな特徴数４つでの構築

　本書の第２部に掲載した相互補完モデルの構築にあたり，シンプルな特徴数として，特徴数４つで最初にモデル構築を行った。これは冨田・武藤（2015）に掲載したものであるが，特徴数４つのケースを付録として再録しておく。

１次元行列と２極のベクトルでの数学表現

　企業２社の相互補完関係は，１次元行列で表現できる。Ｘ社とＹ社の強み・弱みを４つの項目で１から５の評点を付けると，下記のように表現できる。

　１例としては，

　　Ｘ社　$x = (5, 1, 4, 2)$

　　Ｙ社　$y = (1, 4, 2, 5)$

となる。

　そのうえで，Ａ社とＢ社の項目ごとに演算（引き算）した結果zは，特徴数４の長さ０〜４の＋か－の方向を持つ２極のベクトルとして表現できる。

　　$z = x - y = (4, -3, 2, -3)$

　このように，相互補完関係は特徴数の１次元行列，２社間の相互補完関係は２極のベクトルで表現することとする。

最大の相互補完の点からの距離での強度の数学表現

　相互補完の強さを表すにあたり，最大の相互補完強度の地点からの距離で，その企業ペアの相互補完強度を測定・表現することとする。

　すなわち，特徴数（強み・弱みの評点を付ける項目の数）4つで長さ0〜4の2極ベクトルでは，最大の相互補完は，特徴数4のうち2つずつ，最大の長さ4となり，

　　（特徴数4÷2）×最大の長さ4で，（8，−8）

となる。

　2点間の距離は下記で算出される。

$$d = \sqrt{(a_1-a_1)^2 + (b_1-b_2)^2}$$

最大の点（8, -8）の相互補完強度は，（0, -0）から（8, -8）の距離となり，

$$\sqrt{(8-0)^2 + (-8+0)^2} = 11.31$$

となる。

　相互補完強度は0から11.3の間の値で，大きいほど相互補完強度は大きいと解釈できる。

　最大の相互補完の地点である（8，−8）からの距離が小さいほど，相互補完強度が強いことになり，強度を表す指標は数字が大きいほうが取り扱いやすいため，最大の数値から引くことで数字の大小の向きを反転させることにした。

　たとえば前述で導出した（6, -6）の相互補完強度は，下記のように（8, -8）からの距離として把握することになり，その数字を最大値から引くことで算出することができる。

$$\sqrt{(8-0)^2 + (-8-0)^2} - \sqrt{(8-6)^2 + (-8-(-6))^2} = 8.485$$

　特徴数4つの最もシンプルなアライアンスの2極の相互補完モデルを表す図は，次の図1である。

図1 アラインスの2極の相互補完モデル

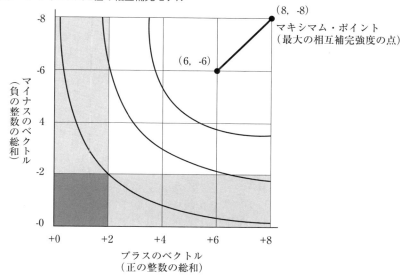

付録２：８つの特徴数での評点付けの４つの因子としてのクライテリア

　強み・弱みの評点付けの８つの各項目について，次のような４つの判断基準を因子として設定した。そして，それらの因子での判断を総合して評点付けを行った。一部，数値基準を設けられるものには設けた。

1. 営業力がある・ない　＜販売資源＞
①営業マンが生き生きしている（元気があり，能動的か）。
②営業マネジメントができている（営業会議の整備，営業マンの営業数値の管理，有能な営業部長の有無）。
③営業マンの数が多い・少ない（人数で区切りを設けて評価）。
④社長の営業力がある（社長自身は営業が得意か不得意か，好きか嫌いか）。

2. 技術力がある・ない　＜技術資源＞
①固有の技術を保有している（ニッチトップなど際だったものを持っているか）。
②技術者の質が高い（熟練度・勤続年数，学士・修士・博士の比率，論文や特許の数など）。
③特定技術分野に取り組んでいる期間が長い（取り組んでいる領域での業歴など）。
④研究所や開発部門が充実している（独自技術を開発する部署の有無，所属する技術者・研究者の人数）。

3. アイディア力がある・ない
①自由に発想し，新しいことを創造する社風である（それらを尊重する社風か）。
②アイディア出しが得意な人が多い（誰もいないか，社長だけか，複数いるか）。
③新しい事業・アイディア・技術を生み出している（過去５年で新しいものを生み出したか，その数はどうか）。

④ アイディアを形にする仕組みがある（社内ベンチャー公募制度などのアイディア吸い上げの仕組みがあるか，機能しているか）。

4．資金力がある・ない　＜資金資源＞
①現預金を多く持っている（預貯金の額で区切りを設けて評価）。
②自己資本比率が高い（数値によって区切りを設けて評価）。
③資金調達力がある（銀行借入や第三者割当増資ができるか，親会社の有無・状況）。
④資金効率・利益率が高い（営業利益率で区切りを設けて評価）。

5．人材がいる・いない　＜人材資源＞
①社員数が多い（人数で区切りを設けて評価）。
②社員の余剰感がある（不足しているか，外に提供できる状況かで評価）。
③人材採用力が高い（採用がうまくいっているか，人を集めやすいかで評価）。
④人材派遣の免許を持っている（特定派遣や一般派遣の免許の有無）。

6．生産力がある・ない　＜生産資源＞
①工場の余力（機械・スペース）を多く持っている（工場や設備の余剰感を加味して評価）。
②工場の工員（ブルーワーカー）を多く抱えている（人数で区切りを設けて評価）。
③生産管理や品質管理のノウハウがある（どのくらい行っているか，得意か苦手かで評価）。
④ ファブレスの方針ではない（工場を持つ方針かOEMかで評価）。

7．ブランド・信用がある・ない
①上場企業か，その関連子会社である。
②業歴が長い（年数で区切りを設けて評価）。
③売上高が大きい（金額で区切りを設けて評価）。
④ブランディングに力を入れている（WebやSNS，パンフ，チラシ，ロゴな

どの整備で評価)。

8.機動的な組織風土である・ない
①新しいことに意欲的に取り組む社風である（意欲的か，ネガティブな体質かで評価)。
②議論ばかりせず，実行する社風である（前に進む雰囲気，実行力で判断して評価)。
③年功序列（若い人の意見の軽視）やセクショナリズムの度合いが低い（度合いで評価)。
④自前主義でなく，外部や異質な組織への対応力がある（度合いで評価)。

付録３：相互補完モデルの特徴数が奇数のケースについての考察

　アライアンスの相互補完モデルは，最大の相互補完強度を特徴数の半分ずつの数の最大の長さのベクトルから求めるため，特徴数が偶数の場合はよいが，奇数の場合，どうするかという問題がある。

　本書では奇数の場合，ダミー変数を１つ追加する解決策を述べている。

　この点について，もう少し考察を深めよう。

　本書で用いた特徴数８つのケースから，１つを削って７つにした場合で考えてみる。評点付けは，同じく５段階とする。すなわち，最大の長さのベクトルは４となる。

　相互補完モデルで特徴数が７つのケースでは，２極のベクトルが，片方からの強みの提供が４つで，相手先からの弱みを補完する強みの提供が３つの場合，４つと３つの組み合わせとなり，

　　　4，4，4，4，-4，-4，-4

と，

　　　-4，-4，-4，4，4，4，4

である。

　このように，特徴数が奇数の場合，最大の点が２つ出現する。

　つまり，

　　　(16，-12)

と，

　　　(12，-16)

の２つの点が出てくる。

　その際の相互補完強度は，(16，-12)と(12，-16)を結ぶ線がリニア（線形）であると想定した場合，平均で算出することができる。

図2 特徴数が奇数の場合の相互補完強度の求め方

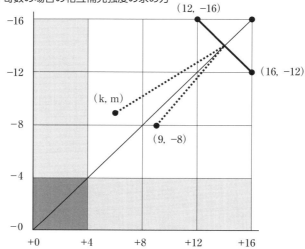

ただし,その点は実際には存在しない。[1] 計算は下記になる。

$$\left(\frac{16+12}{2}, \frac{-12+(-16)}{2}\right) = (14, -14)$$

(14, -14)が,特徴数7つで最大のベクトルの長さが4の場合の最大の相互補完強度の点となる。図で示すと,上の図2のようになる。

たとえば,本書で取り上げた下記のA社とB社の例で,最後の8つ目の特徴を削って7つにした場合,

A社　a =（1, 3, 4, 2, 5, 1, 3）
B社　b =（4, 1, 1, 3, 1, 5, 3）

A社からB社のそれぞれの特徴における点数を引き算した結果のcは,2極のベクトルの配列として表現され,0〜4の間のプラスかマイナスの数値となる。

1　1〜5の評点付けで7つの特徴数の場合,(14, -14)の組み合わせは実在しないためである。

A社 – B社
c = a−b = (−3, 2, 3, −1, 4, −4, 0)

となって，変わらず(9, −8)が，2社の組み合わせの相互補完関係を示す点となる。

特徴数7つでの相互補完強度は，次の式で求められる。

$$d(a, b) = \sqrt{(14-0)^2 + (-14-0)^2} - \sqrt{(14-9)^2 + (-14-(-8))^2}$$

A社とB社の特徴数7つでの相互補完強度は，計算すると11.989となる。正規化した相互補完強度係数は0.606である。なお，7つの場合の相互補完強度の最大値は19.799である。これらは，Python言語によって計算した。

一般化して，特徴数7つの場合の(k, m)となる組み合わせの相互補完強度は，

$$d(k, m) = \sqrt{(14-0)^2 + (-14-0)^2} - \sqrt{(14-k)^2 + (-14-m)^2}$$

として算出できる。それを正規化すれば，相互補完強度係数となる。

正規化するには，最大の相互補完の数字で上記の右辺を割る。

このように(14, −14)はバーチャルな点で，実際は存在しないが，2つの最大の相互補完の点の平均からマキシマム・ポイントを設定し，特徴数が奇数の場合の相互補完強度を求めることができる。

これにより，本書で提案するアライアンスの相互補完数理モデルは，特徴数が奇数の場合にも機能すると言える。

以上が，特徴数を奇数にする場合の追加的な考察である。

付録４：日本における企業間アライアンスの最近の状況と傾向

筆者は，Satoshi Tomita & Yoshiyasu Takefuji（2016）A Mathematical Model for Optimal Corporate Alliances : Evidence from Japan International Journal of Management and Marketing Research（IJMMR），Volume 9, Number 1，2016において，日本のアライアンスの最近の状況と傾向について記述した。

その内容を日本語に翻訳し，参考までに掲載しておく。

以下，上記の論文の14ページ目から掲載しているThe Current Situation and trends of Corporate Alliances in Japanの翻訳文である。

本研究では，152社のコンサルティング先企業のデータを用いて，Python言語で実装した数理モデルを使い，相互補完強度係数を算出した。すべての典型的な日本企業のデータを代表するものではないが，日本における企業間アライアンスについて分析した。

もととなったTomita and Takefuji（2016）には，"Evidence from Japan"というサブタイトルを付けた。そのため，日本におけるアライアンスの最近の傾向や特徴についても説明をしておきたい。

日本企業には閉鎖的な文化があり，NIH症候群（Not Invented Here Syndrome）と呼ばれるような，自社内での研究開発に限定しがちな自前主義が強い傾向があり，アライアンスが得意でないと思われがちである。

しかし，Hamel, Prahalad, and Doz（1989）では，1980年代に日本企業はスキルや技術を獲得するために，欧米の企業とのアライアンスを積極的に行い，スキルや技術を獲得することに成功したと述べられている。

安田（2006，2010，2016）で述べられている「アライアンス・マトリックス[2]」は，アライアンスのタイプを，①同じ業界同士でのアライアンスか異なる業界とのアライアンスか，②同じ経営資源の交換か異なる経営資源の交換かという２つの軸で４つに分類する。その視点で日本におけるアライアンス

2　同じ業界間か異なる業界間か，また同じ経営資源の交換か異なる経営資源の交換かの４つの象限にアライアンスを分類するもの。

を見ると，過当競争を避けるための同業種における同じ経営資源の交換をするタイプのアライアンスが多い傾向がある。たとえば半導体業界で日立と三菱電機，NECの半導体事業を統合したジョイント・ベンチャー（JV）であるルネサスエレクトロニクスが代表的な例である。

加えて，これはアライアンスでなく合併の事例となるが，鉄鋼業界で新日本製鐵と住友金属が経営統合した例や，信託銀行業界で住友信託銀行と中央三井信託銀行が経営統合をして三井住友信託銀行になった例（これも厳密な定義に沿えばアライアンスでなく合併でM&Aの範疇となる）は，同じ業界で同じ経営資源を交換しているタイプとなる。

このように日本における過去のアライアンスの事例を見ると，同じ業界で同じ経営資源を交換しているタイプのアライアンスが一般的である。

しかし最近，日本国内市場の成熟化や縮小により，新しい収益を獲得するために，企業がより積極的にアライアンスを探索するようになっている。

まず，同じ業界におけるアライアンスだけでなく，異なる業界とのアライアンスで，かつ異なる経営資源の交換となるアライアンスが増加している。

いくつか事例をあげると，学研ホールディングス（幼児・初等教育のリーディング・カンパニー）は，日本で2番目に大きい楽器の会社である河合楽器製作所と，子ども向けの既存の事業を拡大し，また，新規事業を構築するためにアライアンスを行った。日本で2番目に大きいラップのメーカーであるクレハは，日本で最も大きい印刷会社である凸版印刷と，キッチン用品の開発のためにアライアンスを行った。

電力業界では，関西エリアの関西電力が，日本政府における電力販売に関する規制緩和に対応し，携帯電話や光ファイバー回線を電力とセットで販売するために大手通信会社であるKDDIとアライアンスを行った。

さらに，スーパーマーケット・チェーンの最大手の一角であるいなげやは，低価格アパレルの多店舗チェーン展開をしているしまむらと，同じ個人顧客層を獲得するために，共同で新しい店舗の出店を行うといったアライアンスを行っている。

日本で2番目にみられる傾向は，大手企業とベンチャー企業の間でのアラ

イアンスが増加していることである。

　IoTデバイスのスタートアップを手がけるQrioは，ソニーとアライアンスを行い，出資と協力を得て，創業から1年かからずに新しい製品の開発をし，売上を獲得した。フィンテック企業であるマネーフォワードは，クレジットカード会社の大手の一角であるクレディセゾンとアライアンスを行い，出資を受け，事業展開を加速させている。人工知能の分野では，トヨタ自動車が人工知能のベンチャー企業であるプリファード・ネットワークスと，自動運転技術を発展させるためにアライアンスを行った。

　大手企業とベンチャー企業のアライアンスのいくつかのケースは，Chesbrough（2003）で述べられたオープン・イノベーションの活動である。

　最近の傾向の3つ目は，国際的なアライアンス，すなわち日本企業と海外企業とのアライアンスが製造業における製品開発の面だけでなく，ほかの業界，とくにインターネット関連サービスの分野で増加していることである。海外企業が日本市場への事業拡大のために，日本企業とアライアンスを模索する動きが増加している。

　たとえば，映画やドラマのネット動画配信企業のネットフリックス（Netflix, Inc., 米国ナスダック上場）は，日本への進出にあたり，ソフトバンク（事業展開全般で連携）や，フジテレビ（コンテンツ作成で連携），ビックカメラ（営業推進で連携）とアライアンスを行った。ネットフリックスは，日本企業とのアライアンスによって成功確率を高める戦略をとっており，それにより新しい収益機会を拡大している。

　同じように，高品質なインターネット回線の提供会社であるInternap Corporation（米国ナスダック上場）は，日本市場への進出にあたり，成功確率を高めるため，日本で最大の通信会社であるNTTグループとアライアンスを行い，ジョイント・ベンチャーであるインターナップ・ジャパンを設立し，運営を行っている。

　今後は，このような国際的なアライアンスの増加が見込まれる。

　最近の4つ目の傾向は，日本だけでなく米国においても，アライアンスは，

大企業同士のケースにおいて研究されているが，中小企業（SME：Small and Mid－size Enterprises）同士のアライアンスが急速に増加していることである。中小企業は経営資源が不足しがちだからである。中小企業は強みと弱みを相互補完し，新規事業を構築したり，既存事業を拡大したりするためにアライアンスを行う。

本書で用いた152社のコンサルティング先企業のデータの40％が業歴の長い中小企業であり，業歴の浅いベンチャー企業の47％を加えると87％の企業が，規模として中小の範疇となる。アライアンスが成立した121件の組み合わせのなかに，2社のどちらも中小企業である組み合わせが含まれている。

日本における傾向の5つ目は，ビジネス交流会などのイベントやビジネス・マッチングのサービスが増加していることである。異業種交流会や名刺交換会などが多く開催されている。アクセルメディアが運営するフレンドリンク異業種交流会や，ファーストヴィレッジが運営するファーストヴィレッジ経営者倶楽部，DYMが運営するベンチャー・アライアンス・フェス，地方自治体や商工会議所が主催する交流会など，さまざまなビジネス交流会が開催されており，ビジネス・マッチングを促進させている。

また，ビジネス・マッチングやアライアンスのアレンジメントを行うサービスも存在し，ティーシーコンサルティングや，いかしあい隊，ナインシグマ・ジャパンなどの会社がある。これは，アライアンスへの関心やニーズの高まりを表している。

このように前述の4つの傾向とともに，日本におけるビジネス・マッチングやアライアンスの活動がアクティブになってきていることが注目される。

本書で提案した数理モデルによって，アライアンスにおける2社間の相互補完関係が数値として算出できるようになることは，日本におけるアライアンスの活動を加速させるであろう。また，このモデルを用いれば，潜在的なアライアンス候補先企業のなかから最適な企業を簡単に選べるようになる。同様に，このモデルを海外企業に当てはめれば，海外企業と日本企業の間の国際的なアライアンスをも促進させることになるであろう。

参考文献

＜日本語文献＞

I/O編集部（2015）『IoTがわかる本』工学社。
石井真一（2003）『企業間提携の戦略と組織』中央経済社。
入山章栄（2012）『世界の経営学者はいま何を考えているのか～知られざるビジネスの知のフロンティア』英治出版。
入山章栄（2014）「経営学は思考の羅針盤：ビジネスを「考え，考え，考え」抜くために」『Think!』（2014年春号），東洋経済新報社。
入山章栄（2015）『ビジネススクールでは学べない 世界最先端の経営学』日経BP社。
牛丸元（2007）『企業間アライアンスの理論と実証』同文舘出版。
加藤和彦（2016）『IoT時代のプラットフォーム競争戦略～ネットワーク効果のレバレッジ』中央経済社。
黒田豊（2014）『シリコンバレーのコンサルタントから学ぶ，成功するイノベーション』幻冬舎。
黒田豊（2016）『なぜ日本企業のビジネスは，もったいないのか』日本経済新聞出版社。
桑津浩太郎（2015）『2030年のIoT』東洋経済新報社。
小泉耕二（2016）『図解 IoTビジネス入門』あさ出版。
小林啓倫（2015）『IoTビジネスモデル革命』朝日新聞出版。
小林純一（2016）『勝者のIoT戦略』日経BP社。
小宮一慶（2010）『社長の教科書～リーダーが身につけるべき経営の原理原則50』ダイヤモンド社。
小宮一慶（2013）『社長のための「お客さま第一」の会社のつくり方』東洋経済新報社。
坂井豊貴（2010）『マーケットデザイン入門―オークションとマッチングの経済学』ミネルヴァ書房。
清水洋・星野雄介（2012）「オープン・イノベーションのマネジメント～探索と知識マネジメント」，『一橋ビジネスレビュー』60巻2号，2012年8月号
週刊ダイヤモンド（2016）『勝者のAI戦略～人工知能の嘘ホント』2016/8/27号，ダイヤモンド社。
DIAMONDハーバード・ビジネス・レビュー（2016）『IoTの衝撃』ダイヤモンド社。
DIAMONDハーバード・ビジネス・レビュー（2016）『人工知能』ダイヤモンド社。
武藤佳恭（2015a）『ビジネスマンのためのビッグデータ解析～知の集合体・最先端人工知能の活用』Kindle。
武藤佳恭（2015b）『AVRマイコンとPythonではじめよう IoTデバイス設計・実装』オーム社
武藤佳恭（2016）『超実践 アンサンブル機械学習』近代科学社。
冨田賢（2012）『これから10年活躍するための新規開拓営業の教科書』総合法令出版。
冨田賢（2014）『新規事業立ち上げの教科書～ビジネスリーダーが身につけるべき最強スキル』総合法令出版。
冨田賢（2015）『世界のエリートが教えるちょっとした仕事の心がけ』マイナビ新書。

冨田賢・武藤佳恭（2015）「アライアンスの相互補完数理モデルの構築と実証分析〜152社のコンサルティング先企業データを用いて」経営会計研究　第20巻第1号

冨田賢・武藤佳恭（2016a）「アライアンスの相互補完・加算・相乗に関する数理モデルの提案とPython言語による実証〜152社の企業データをもとに」ビジネスクリエーター研究　第7号

冨田賢・武藤佳恭（2016b）「アライアンスの相互補完数理モデルにおけるギブ・アンド・テイク　−フロー・インテンシティとフロー・バランスによる理論的説明−」経営会計研究　第21巻第1号

中村裕一郎（2013）『アライアンス・イノベーション：大企業とベンチャー企業の提携：理論と実際』白桃書房。

日経コンピュータ編（2015）『すべてわかるIoT大全2016〜活用事例，基盤技術からセキュリティまで』日経BP社。

日経コンピュータ編（2016）『すぐわかる　IoTビジネス200』日経BP社。

日経コミュニケーション編（2016）『成功するIoT』日経BP社。

日経コンピュータ（2016）『まるわかり！人工知能　最前線』日経BP社。

日経ビッグデータ編（2016）『この1冊でまるごとわかる人工知能＆IoTビジネス　入門編』日経BP社。

日経BPムック（2016）『FinTech革命　増補改訂版』日経BP社。

根来龍之・浜屋敏編著，早稲田大学ビジネススクール根来研究室著（2016）『IoT時代の競争分析フレームワーク〜バリューチェーンからレイヤー構造化へ』中央経済社。

荻原裕・白井和康（2016）『IoTビジネス　入門＆実践講座』ソシム。

星野達也（2015a）「オープン・イノベーションという新たな武器〜製造業復活を賭けて自前主義を脱却せよ〜」『DIAMOND ハーバード・ビジネス・レビュー』2015年6月号

星野達也（2015b）『オープン・イノベーションの教科書〜社外の技術でビジネスをつくる実践ステップ』ダイヤモンド社。

三木良雄（2016）『IoTビジネスをなぜ始めるのか』日経BP社。

三菱総合研究所編（2016）『ビジュアル解説　IoT入門』日本経済新聞出版社。

三菱総合研究所編（2015）『IoTまるわかり』日本経済新聞出版社。

元橋一之編著（2014）『アライアンスマネジメント〜米国の実践論と日本企業への適用』白桃書房。

安田洋史（2006）『競争環境における戦略的提携　その理論と実践』NTT出版。

安田洋史（2010）『アライアンス戦略論』NTT出版。

安田洋史（2015）「アライアンス成果に対するパートナー間多様性の影響」『日本経営学会誌』第35号pp.16〜27

安田洋史（2016）『新版　アライアンス戦略論』NTT出版。

湯川抗（2013）『コーポレートベンチャリング新時代：本格化するベンチャーの時代と大手ICT企業の成長戦略』白桃書房。

吉田和男（1993）『日本型経営システムの功罪』東洋経済新報社。

米倉誠一郎・清水洋（2015）『オープン・イノベーションのマネジメント〜高い経営成

果を生む仕組みづくり』有斐閣。
米倉穣（2012）『オープン・イノベーションと企業の戦略的提携〜再生医療のネットワーク型総合産業化の創造に関する研究』税務経理協会。

＜英語文献＞

Adegbesan, J. Adetunji (2009) "On the Origins of Competitive Advantage : Strategic Factor Markets and Heterogeneous Resource Complementarity," *Academy of Management Review*, Vol.34, No.3, pp.463-475.

Akbarpour, Mohammad, Shengwu Li, and Shayan Oveis Gharan (2014) "Dynamic Matching Market Design," *Proceedings of the Fifteenth ACM Conference on Economics and Computation*.

Anand, B., and T. Khanna (2000) "Do Firms Learn to Create Value?: The Case of Alliances," *Strategic Management Journal*, vol.21, pp.295-315.

Bamford, James, David Ernst, and David G. Fubini (2004) "Launching a World-class Joint Venture," *Harvard Business Review*, February.（[2005]「JVの成否は100日で決まる〜戦略的提携に大半が失敗する〜」『DIAMOND ハーバード・ビジネス・レビュー』2005年2月号）

Bamford, James, Benjamin Gomes-Casseres, and Michael Robinson (2003) *Mastering Aliiance Strategy :A Comprehensive Guide to Design, Management, and Organization*, Jossey-Bass.

Barney, Jay (1991) "Firm Resources and Sustained Competitive Advantage," *Journal of Management*, Vol.17, No.1, pp.99-120.

Chang, Shao-Chi, Sheng-Syan Chen, and Jung-Ho Lai (2008) "The effect of alliance experience and intellectual capital on the value creation of international strategic alliances," *Omega*, Vol.36, No.2, pp.298-316.

Chesbrough, Henry (2003) *Open Innovation*, Harvard Business School Press.（大前恵一朗訳［2004］『OPEN INNOVATION』産業能率大学出版部）

Chesbrough, Henry (2006) *Open Business Models: How to Thrive in the New Innovation Landscape*, Harvard Business School Press. 栗原潔訳［2007］『オープンビジネスモデル〜知財競争時代のイノベーション〜』翔泳社）

Chesbrough, Henry, Wim Vanhaverbeke, and Joel West (2006) *Open Innovation: Research in a New Paradigm*, Oxford University Press.

Collis, David J., and Cynthia A. Montgomery (1998) *Corporate Strategy: A Resource-based Approach*, McGraw-Hill（根来龍之他訳［2004］『資源ベースの経営戦略論』東洋経済新報社）

Das, T. K., and Bing-Sheng Teng (1998a) "Resource and Risk Management in the Strategic Alliance Making Process," *Journal of Management*, Vol.24, No.1, pp.21-42.

Das, T. K., and Bing-Sheng Teng (1998b) "Between Trust and Control: Developing Confidence in Partner Cooperation in Alliances," *Academy of Management Review*, Vol.23, No.3, pp.491-512.

Das, T. K., and Bing-Sheng Teng (2000) "A Resource-based Theory of Strategic Alliances," *Journal of Management*, Vol.26, No.1, pp.31-61.

Das, T. K., and Bing-Sheng Teng (2002) "Alliance Constellations: A Social Exchange Perspective," *Academy of Management Review*, Vol.27, No.3, pp.445-456.

DeVellis, Robert F (2012) *Scale Development:Theory and Applications*, Third Edition, Applied Social Research Methods Series, SAGE.

Davenport, Thomas H., and Julia Kirby (2015) "Beyond Automation," *Harvard Business Review*, June.(「オーグメンテーション：人工知能と共存する方法～５つのアプローチで解決する～」『DIAMOND ハーバード・ビジネス・レビュー』2015年11月号）

Drucker, Peter F. (1973) *Management : Tasks, Responsibilities, Practices*, Harper Business.（上田惇生訳［2001］『マネジメント　基本と原則　エッセンシャル版』ダイヤモンド社）

Doz, Yves, and Gary Hamel (1998) *Alliance Advantage :The Art of Creating Value through Partnering*, Harvard Business School Press.（志太勤一・柳孝一監訳，和田正春訳［2001］『競争優位のアライアンス戦略～スピードと価値創造のパートナーシップ』ダイヤモンド社）

Dyer, Jeffrey H., Prashant Kale, Harbir Singh, and Harpreet Singh (2004) "When to Ally and When to Acquire," *Harvard Business Review*, Jun.-Aug.（［2005］「提携すべき時,買収すべき時～３つの視点から分析する～」『DIAMOND ハーバード・ビジネス・レビュー』2005年2月号）

Ernst, David, and James Bamford (2005) "Your Alliances Are Too Stable," *Harvard Business Review*, June, pp.133-141.（［2006］「いかに提携事業をリストラするか～大半が低収益のまま放置されている～」『DIAMOND ハーバード・ビジネス・レビュー』2006年6月号）

Gassmann, Oliver, and Ellen Enkel (2004) "Towards a Theory of Open Innovation: Three Core Process Archetypes," conference paper, R and D Management Conference (RADMA) (Lisbon, Portugal), 6-7 2004, double-blind review.

Gomes-Casseres, Benjamin (1997) "Alliance Strategies of Small Firms," *Small Business Economics*,Vol.9, pp.33-44.

Gompers, Paul A., and Josh Lerner (2000) *The Venture Capital Cycle*, The MIT Press.（冨田賢訳者代表，吉田和男監訳［2002］『ベンチャーキャピタル・サイクル～ファンド設立から投資回収までの本質的理解』シュプリンガー・フェアラーク東京）

Hamel, Gary, C. K. Prahalad, and Yves Doz (1989) "Collaborate with Your Competitors - and Win," *Harvard Business Review*, Jan.-Feb.（［2005］「ライバルとのコラボレーション戦略～新たなスキルと知識を獲得し，競争力を高める～」『DIAMOND ハーバード・ビジネス・レビュー』2005年2月号）

Hamel, G and C. K. Prahalad (1994) *Competing for the Future*, Harvard Business School Press.（一條和生訳［1995］『コア・コンピタンス経営』日本経済新聞社；［2001］日経文庫）

Hensley, Rhonda L (1999) "A review of operations management studies using scale development techniques," *Journal of Operations Management*, Vol.17, Issue 3, March, pp.343-358.

Hinkin, T. R. (1998) "A brief tutorial on the development of measures for use in survey questionnaires," *Organizational Research Methods*, 2 (1), pp.104-121.

Kaplan, Robert S., David P. Norton, and Bjarne Rugelsjoen (2009) "Managing Alliancses with the Balanced Scorecard," *Harvard Business Review*, Jan.-Feb.（[2010]「戦略的提携を実現するバランス・スコアカード」『DIAMOND ハーバード・ビジネス・レビュー』2010年11月号）

Katila, R., and G. Ahuja (2002) "Something Old, Something New: A Longitudinal Study of Search Behavior and New Product Introduction," *Academy of Management Journal*, Vol.45, pp.1183-1194.

Kelley, Donna J., and Mark P. Rice (2002) "Advantage beyond founding: The strategic use of technologies," *Journal of Business Venturing*, Vol. 17, No.1, pp.41-57.

Kaysar, Boaz, Benjamin A. Converse, Jiunwen Wang, and Nicholas Epley (2008) "Reciprocity is Not Give and Take: Asymmetric Reciprocity to Positive and Negative Acts," *Psychological Science*, Vol.19, No.12.

Lavie, Dovev (2006) "The Competitive Advantage of Interconnected Firms: An Extension of the Resource-based View," *Academy of Management Review*, Vol.31, No.3, pp.638-658.

Lee,Yikuan, and S. Tamer Cavusgil (2006) "Enhancing alliance performance: The effects of contractual-based versus relational-based governance," *Journal of Business Research*, Vol.59, No.8, p.896-905.

Leiblein, Michael J., and Jeffrey J. Reuer (2004) "Building a foreign sales base: The roles of capabilities and alliances for entrepreneurial firms," *Journal of Business Venturing*, Vol.19, No.2, pp.285-307.

March, James G. (1991) "Exploration and Exploitation in Organizational Learning," *Organization Science*, Vol.2, No.1, pp.71-87.

Mitsuhashi, Hitoshi, and Henrich R. Greve (2009) "A Matching Theory of Alliance Formation and Organizational Success: Complementarity and Compatibility," *Academy of Management Journal*, 52(5): pp.975-995.

Richard, Pierre J., Timothy M. Devinney, George S. Yip, and Gerry Johnson (2009) "Measuring Organizational Performance: Towards Methodological Best Practice," *Journal of Management*, June, 35: pp.718-804.

Roth, Alvin E. (2015) *Who Gets What - and Why: The New Economics of Matchmaking and Market Design*, Eamon Dolan/Houghton Mifflin Harcourt（櫻井祐子訳[2016]『フー・ゲッツ・ホワット～マッチメイキングとマーケットデザインの新しい経済学』日本経済新聞出版社）

Rothaermel, Frank T., and David L Deeds (2006) "Alliance type, alliance experience and alliance management capability in high-technology ventures," *Journal of Busi-

ness Venturing, Vol.21, No.4, p.429-460.

Schaufeli, Wilmar B. (2006) "The Balance of Give and Take : Toward Social Exchange Model of Burnout," *Revue Internationale de Psychologie Sociale,* 19(1), Mar., pp.87-131.

Takefuji, Yoshiyasu, and Koichiro Shoji (2017) "How will open source hardware influence our business and education in the future?," *Proceedings for The 15th Annual Hawaii International Conference on Education.*

Thanos, Ioannis C. Pavlos Dimitratos, and Panagiota Sapouna (2016) "The implications of international entrepreneurial orientation, politicization, and hostility upon SME international performance," *International Small Business Journal,* April 25.

Tjemkes, Brian, Pepijn Vos, and Koen Burgers (2012) *Strategic Alliance Management,* Routledge.

Tomita, Satoshi, and Yoshiyasu Takefuji (2016a) "A New Mathematical Model of Mutually Complementary for Corporate Alliances: Selection of Optimal Partners using Eight Characteristics," *Proceedings of 2016 Hawaii Global Conference on Business and Finance*（*GCBF*）(HI092415299, double-blind review).

Tomita, Satoshi, and Yoshiyasu Takefuji (2016b) "A Mathematical Model for Optimal Corporate Alliances: Evidence from Japan," *International Journal of Management and Marketing Research*（*IJMMR*）, Vol.9, No.1.

Wernerfelt, Birger (1984) "A Resource-based View of the Firm," *Strategic Management Journal,* 5: pp.171-180.

Yasuda, Hiroshi (2003) "New Analytical Approach for Strategic Alliances from the Perspective of Exchange of Management Resources," Submitted in Partial Fulfillment of the Requirements for the Degree of Doctor of Philosophy, Graduate School of Decision Science and Technology, Tokyo Institute of Technology.

Yoshino, Michael, and U. Srinivasa Rangan (1995) *Strategic Alliances: An Entrepreneurial Approach to Globalization,* Harvard Business School Press.

＜参考資料＞

内閣府・県民経済計算・名目（平成24年度）

http://www.esri.cao.go.jp/jp/sna/data/data_list/kenmin/files/contents/main_h24.html（閲覧日：2015年7月30日）

下山弘一「アライアンスの2つの形。垂直統合・水平統合」，2002年，NPO法人・ITコーディネータ京都　Webサイト

http://www.itc-kyoto.jp/2002/09/23/%E3%82%A2%E3%83%A9%E3%82%A4%E3%82%A2%E3%83%B3%E3%82%B9%E3%81%AE%EF%BC%92%E3%81%A4%E3%81%AE%E5%BD%A2-%E5%9E%82%E7%9B%B4%E7%B5%B1%E5%90%88-%E6%B0%B4%E5%B9%B3%E7%B5%B1%E5%90%88-%E4%B8%8B%E5%B1%B1-%E5%BC%98%E4%B8%80/（閲覧日：2016年3月15日）

●著者紹介

冨田 賢（とみた さとし）

立教大学大学院ビジネスデザイン研究科　教授
株式会社ティーシーコンサルティング　代表取締役社長

【略歴】
慶應義塾大学大学院政策・メディア研究科・後期博士課程修了，政策・メディア博士（Ph. D.）取得。京都大学大学院経済学研究科・修士課程修了，経済学修士。慶應義塾大学総合政策学部（SFC）卒業。米国系銀行を経て，独立系ベンチャーキャピタルの立ち上げに参画し，多くのベンチャーに投資し，上場へと導く。2001年，VC会社も2年半で上場達成。2003年〜大阪市立大学大学院創造都市研究科・専任講師（ベンチャーファイナンス論，ベンチャーキャピタル論，ビジネスプラン作成など）。米国ペンシルバニア大学および中国上海交通大学にて在外研究。住友信託銀行の専門職を経て，2008年〜株式会社ティーシーコンサルティング代表取締役社長。アライアンスによる新規事業立ち上げを中心として170社以上のコンサルティングを実施。IoTの事業化やAI活用に注力。著書に『新規事業立ち上げの教科書　ビジネスリーダーが身につけるべき最強スキル』（総合法令出版），『世界のエリートが教えるちょっとした仕事の心がけ』（マイナビ新書），『これから10年活躍するための新規開拓営業の教科書』（総合法令出版）などがある。Academy of Management会員。

【立教MBAでの担当科目】
アライアンス戦略論（ビジネスデザイン特講2A），テクノロジー＆ストラテジー，ビジネス・シュミレーション，修了研究（ビジネスリサーチおよびビジネスデザイン），経営学特別研究

【冨田賢の情報】
会社サイト：http://www.tcconsulting.co.jp/ ※お問い合わせフォームあり
Facebook: http://www.facebook.com/tctomita
Twitter: @tctomita

■ IoT 時代のアライアンス戦略
― 人工知能の進化とマッチング数理モデルの提案 ―

■ 発行日――2017 年 4 月 11 日　初版発行　　　　　　〈検印省略〉
■ 著　者――冨田　賢
■ 発行者――大矢栄一郎
■ 発行所――株式会社　白桃書房

〒 101-0021　東京都千代田区外神田 5-1-15
☎ 03-3836-4781　📠 03-3836-9370　振替 00100-4-20192
http://www.hakutou.co.jp/

■ 印刷・製本――藤原印刷
©Satoshi Tomita. 2017 Printed in Japan　ISBN 978-4-561-26696-9 C3034

JCOPY 〈(社)出版者著作権管理機構 委託出版物〉
本書の無断複写は著作権法上の例外を除き禁じられています。複写される場合は、
そのつど事前に、(社)出版者著作権管理機構（電話 03-3513-6969、FAX 03-3513-6979、
e-mail: info@jcopy.or.jp）の許諾を得てください。
落丁本・乱丁本はおとりかえいたします。

好 評 書

福家 秀紀【著】
IoT時代の情報通信政策
本体 3,000 円

氏家 豊【著】
イノベーション・ドライバーズ
　―IoT時代をリードする競争力構築の方法
本体 3,000 円

元橋 一之【著】
アライアンスマネジメント
　―米国の実践論と日本企業への適用
本体 2,800 円

中村 裕一郎【著】
アライアンス・イノベーション
　―大企業とベンチャー企業の提携：理論と実際
本体 3,500 円

湯川 抗【著】
コーポレートベンチャリング新時代
　―本格化するベンチャーの時代と大手ICT企業の成長戦略
本体 2,800 円

――――――― 東京 **白桃書房** 神田 ―――――――

本広告の価格は本体価格です。別途消費税が加算されます。